MD

미사일방어체제

차례
Contents

어두운 그림자, MD 바로 알기

필자가 미사일방어체제(MD)에 관심을 갖게 된 때는 평화운동을 막 시작한 1999년 말경이었다. 그 해 9월 평화네트워크를 만들어 처음 시작한 일이 언론모니터링이었는데, 미국의 주요 신문을 비평하는 일을 맡게 되었다. 「뉴욕타임스」「워싱턴포스트」「월스트리트저널」 등의 신문에서 한반도와 관련된 기사를 살펴보다가 한 가지 중요한 경향을 발견하게 되었다. 당시는 금창리 핵무기 개발 의혹과 1998년 8월 대포동 1호 발사로 인해 미국 안팎에서 북한위협론이 맹위를 떨치고 있었던 때였다. 그리고 미국의 강경파들은 이러한 북한위협론을 과장하면서 MD구축의 정당성을 확보하고자 혈안이 되어 있었다.

CIA의 국장이 「뉴욕타임스」에 느닷없이 나와 북한이 수년

내에 미국 본토를 공격할 수 있는 핵미사일을 개발할 수도 있다는 언급을 하고, 대포동 미사일 2차 시험 발사가 임박했다는 보도 또한 빈번히 등장했다. '이들이 무슨 소리를 하는 건가' 하며 며칠자 신문을 더 넘겨보면, 아니나 다를까 MD와 관련된 법안이나 예산 심의가 있다는 것이 발견되었다. MD와 관련된 중요한 정책결정이 있기 전에, '북한위협론'을 한껏 부풀렸고, 실제로 이는 상당한 효과를 발휘해 당시 모든 MD 관련 표결은 압도적인 표차로 통과되기도 했다. 이러한 과정을 지켜보면서 'MD문제를 제대로 보지 않고서는 미국의 대 한반도 정책을 이해한다는 게 근본적으로 한계가 있겠구나'라는 생각을 하게 되었다. 그리고 시간이 흐르면서 그 때의 불안한 예견은 적중했다.

북한 위협론

MD에 대해 회의적인 생각을 갖고 있었던 클린턴 행정부 시절의 사정이 이랬다면, MD에 사활을 걸고 있는 부시 행정부의 대북정책 방향은 어렵지 않게 예측할 수 있었다. 2000년 11월 조지 W. 부시 공화당 후보가 대통령에 당선되면서 필자는 '아, 한반도에 엄청난 위기가 오겠구나'라고 탄식했다. '이마에 MD를 새기고 있는 정권'이라는 조롱을 받을 정도로 MD에 열망을 갖고 있는 부시 행정부가 출범하면, MD 구축의 명분을 잃지 않기 위해 대북강경책으로 나설 것이라는 확신이 있었기 때문이다.

실제로 2001년 1월 말, 출범과 동시에 부시 행정부가 취한 첫 번째 조치는 클린턴 행정부 시절, 타결 일보 직전까지 갔던 북한과의 미사일 협상을 전면 중단하고, 가능한 한 빨리 MD를 구축하는 것을 최우선적인 과제로 천명한 것이었다. 6.15 공동선언을 계기로 새로운 역사를 써 내려가기로 한 남북한으로서는 재앙의 시작이었다.

"대북 포용정책 이외에 대안은 없을 것"이라고 자신했던 김대중 대통령은 2001년 3월 워싱턴을 방문해 '외교적 재앙'을 겪었다. 공개 기자회견에서 부시는 김대중을 'this man'이라고 부를 정도로 거부감을 드러냈다. 김대중에게 'MD를 지지하고 참여하겠다'고 선언하고 워싱턴에 와달라고 요구했는데, 거절당했기 때문이다. 이를 두고 미국의 저명한 한반도 문제 전문가인 셀리그 해리슨은 "김대중 대통령이 부시 대통령으로부터 뺨을 맞았다"고 표현하기도 했다.

이에 따라 김대중 대통령의 방미에 덩달아 기대를 가졌던 북한 역시 대혼란에 빠져들 수밖에 없었다. 클린턴 행정부 때와 마찬가지로 부시 행정부를 견인할 것으로 기대했던 김대중 정부가 푸대접을 받는 모습을 보고 당황하지 않을 수 없었던 것이다. 남북한 모두가 이러한 당혹감을 느낀 이유는, 부시의 미국이 클린턴의 미국과는 엄청난 차이, 특히 한반도 문제에 대한 접근이 판이하게 다를 것이라는 점을 제대로 포착하지 못했기 때문이다. 부시 행정부가 MD구축을 최우선적인 과제로 삼았다면 대 한반도 정책 역시 MD의 종속변수가 될 수밖에 없었다. 즉, 안 그래도 정당성을 확보하기가 쉽지 않은 MD 구상에서 북한과의 협상을 통한 핵·미사일 문제의 해결은 곧바로 MD계획의 차질로 이어질 수밖에 없다는 것이고, 이를 두려워한 부시 행정부는 전임 정부의 대북정책 성과를 일축하고 북한위협론을 활용하고자 했던 것이다.

그로부터 8년이 지난 오늘날 많은 것이 변했고, 또 변하지 않았다. 부시 행정부는 지난 8년간 북한의 핵, 미사일 위협을 근거로 MD를 상당한 궤도 위에 올려놓았다. 반면 '업적 빈곤증'을 조금이라도 해소하고자 임기 내 북핵 해결을 목표로 북한과 숨가쁜 협상을 벌이고 있다. 한국에서는 정권교체가 이뤄져 '한미동맹 강화'와 '대북 상호주의'를 앞세운 이명박 정부가 출범했고, 북한은 10년만에 다시 등장한 남한의 보수정권을 불편해하는 눈치이다. 한미동맹이 강화되고 남북관계가 후퇴할 조짐을 보이면서 'MD 망령'이 한반도 상공 위를 배회하고 있기도 하다.

왜 MD에 집착하는가?

기실 MD만큼이나 미국 보수파들의 이해관계와 세계관을 반영하고 있는 것도 드물다. 우선 MD는 부시 행정부를 비롯한 보수파들의 강력한 정치적 기반인 군산복합체에게 '황금알을 낳는 거위'와도 같은 사업이다. 부시 임기 8년간(미국 회계연도 2002년~2009년)간 MD 예산은 700억 달러에 육박한다. 2025

년까지는 최소 3000억 달러, 최대 1조 달러까지 추산된다. MD는 메이저 군수업체와 이와 결탁된 정치인들 및 안보전문가들에게는 '마르지 않는 샘'인 것이다.

또한 MD는 미국 보수파의 절대 안보와 군사 패권주의에도 딱 들어맞는 계획이다. 미국만은 절대적으로 안전한 국가를 만들겠다는 것과 미국식 체제를 강제적으로 세계화하는 데 MD는 필수 개념으로 설명되고 있기 때문이다. 세계에서 가장 강력한 '창'을 갖고 있는 미국이 상대방의 보복을 무력화시킬 수 있는 '방패'까지 갖는다면, 군사력 사용은 훨씬 용이해진다. 부시가 MD와 함께 선제공격론을 천명한 까닭이다. 공화당 대선 후보인 존 메케인이 MD의 필요성을 역설하면서 "군사작전 시 적들의 미사일 위협에서 벗어나 자유롭게 행동할 수 있다"고 강조한 것 역시 부시의 '선제공격론'과 맥을 같이 한다.

미국은 여기서 한 걸음 더 나가 MD를 통한 우주의 군사적 선점과 미래의 경쟁자인 중국을 제압하고자 하는 의도도 갖고 있다. 지난 세기 바다와 하늘을 장악한 나라가 패권을 장악했듯이, 21세기에도 패권을 유지·강화하기 위해서는 우주를 장악해야 한다는 것이다. 이 때문에 MD가 지구상에서는 물론이고 우주 공간에서도 첨예한 군비경쟁을 야기할 것이라는 경고가 끊임없이 제기되어왔다. 그리고 2007년 1월 탄도미사일을 이용한 중국의 위성파괴 실험과 2008년 2월 이지스함에 장착된 요격미사일 SM-3로 고장난 위성을 격추한 것에서 알 수 있듯이, 우주에서의 군비경쟁은 기우로 끝나지 않고 있다.

MD란 무엇인가?

2001년 1월 부시 행정부가 출범하고 그 해 5월 MD 구축을 선언한 것을 계기로 MD 문제는 국제평화의 핵심적인 관심사로 등장했다. '총알로 총알을 맞추는 게임'에 비유되는 MD는 날라오는 미사일을 미사일이나 레이저로 요격하는 시스템이다. 이를 두고 미국과 일본 등 미국의 일부 동맹국들은 MD는 방어용 무기이고, 중국이나 러시아가 아닌 북한이나 이란 등 일부 "깡패국가들(rogue states)"의 미사일 위협에 대비하기 위한 것이라고 강조한다. 이에 대해 중국과 러시아는 물론이고 많은 국가들은 가장 강력한 공격력을 갖춘 미국이 MD까지 갖는다면, 선제공격 능력이 배가되고 이에 따라 군비경쟁이 격화될 것이라고 경고한다. 아래의 내용은 MD에 대한 기본적인 이해를 돕기 위해 질의응답(Q&A) 형식으로 정리한 것이다.

Q MD는 무엇인가?

A 말 그대로 날아오는 탄도미사일을 미사일이나 레이저로 요격하는 개념이다. 원래 클린턴 행정부 때는 미사일방어체제(MD)를 NMD와 TMD로 나누었었다. NMD는 'National Missile Defense(국가미사일방어체제)'의 약자로, 미국 본토로 날아오는 탄도미사일이 목표물에 도달하기 전에 이를 탐지, 요격, 파괴하기 위한 시스템을 의미한다. TMD는 'Theater Missile Defense(전역미사일방어체제)'의 약자로써, 해외 주둔 미군과 미국의 동맹국들을 미사일 공격으로부터 방어하기 위한 시스템을 말한다. 그러나 부시 행정부는 NMD와 TMD를 통합해 바다-육지-항공-우주를 연결하는 다층적이고 전지구적 미사일 방어망을 추진해왔다. 이에 따라 NMD와 TMD라는 두 개념은 MD라는 개념으로 통합되었다.

MD는 요격 단계별로 초기단계방어(Boost Defense Segment), 중간단계방어(Midcourse Defense Segment), 최종단계방어(Terminal Defense Segment)로 나뉜다. 초기단계방어에는 항공기탑재레이저(ABL)가 있고, 중간단계방어에는 지상기반요격미사일(GBI)을 이용한 지상기반중간단계방어(GMD) 및 SM-3를 장착한 이지스탄도미사일방어체제(ABMD)가 있으며, 최종단계요격에는 패트리어트 최신형인 PAC-3, 전역고고도미사일방어체제(THAAD), SM-2Block4를 장착하는 이지스함 등이 있다.

Q MD는 제대로 작동하는가?

A '총알로 총알을 맞추는 게임'이라는 비유에서도 알 수 있듯이, 초고속으로 날아오는 미사일을 미사일이나 레이저로 요격하기란 쉽지 않다. 특히 MD를 무력화할 수 있는 교란체나 다탄두 미사일을 개발하는 것이 MD보다 훨씬 쉽고 저렴하기 때문에, MD 구상은 근본적인 한계를 지닌다. 가령 상대방이 탄두와 함께 풍선을 우주공간에 뿌리면 무중력 상태에서 탄두와 풍선은 같은 속도로 날아오기 때문에, 이를 식별해서 요격하기란 거의 불가능에 가깝다. 그러나 미국은 상대방의 미사일 발사를 초기에 탐지하고 이를 추적·식별할 수 있는 정보력과 초고속 요격 미사일 개발에 자신하고 있다. MD의 대표적인 주창자인 도널드 럼스펠드 국방장관(재임 2001~2006)은 "없는 것보다는 낫다"라는 말을 남기기도 했다.

Q MD는 방어용 무기가 아닌가?

A 잘 알려진 것처럼, 미국은 세계에서 가장 막강한 공격력을 보유하고 있다. 가장 강력한 창을 갖고 있는 나라가 상대방의 창을 무력화시킬 수 있는 방패까지 보유한다면 창을 쓰는 것이 훨씬 자유롭게 된다. 미국 스스로도 MD의 필요성을 말할 때, 군사적으로 자유로울 수 있다는 점을 강조하고 있다. 또한 미국의 기본적인 MD 전략은 상대방의 미사일 시설을 선제공격하여 파괴하고 남은 미사일을 MD로 요격하겠다는 것이라는 점 역시 중요하게 고려해야 한다. 또한 2008년 2월

미국은 SM-3로 위성 격추에 성공했는데, 이는 일부 소프트웨어와 부품을 변경하면 바로 공격용 무기로 전환될 수 있다는 것을 보여준다.

Q MD는 레이건의 '스타워즈'와 같은 것인가?

A 비슷한 점이 있지만, 같지는 않다. '스타워즈'라는 별칭을 갖고 있는 레이건의 전략방위구상(SDI)은 레이저를 장착한 위성들을 우주에 배치해 수천 기에 달하는 소련의 대륙간탄도미사일(ICBM)을 우주 공간에서 요격한다는 것이었다. 반면에 부시가 추진하고 있는 MD 계획은 중국이나 러시아의 우발적인 미사일 발사와 이른바 '깡패국가'들의 미사일 위협에 대응한다는 명분으로 추진되고 있다. 미국은 우선 지상과 해상에 미사일 요격체제를 만들고 이를 점차 공중과 우주에도 확대해나간다는 계획을 가지고 있다.

Q MD에는 어떤 무기들이 있는가?

A 우선 걸프전 당시 스커드 미사일 요격에 사용되어 우리에게도 잘 알려진 패트리어트 미사일의 최신 개량형인 PAC-3가 있다. 이는 적의 미사일을 최종단계에서 요격하기 위한 것으로, 주로 상대적으로 하강 속도가 느린 중단거리 탄도미사일 요격에 사용된다. 하층 방어를 담당하는 이 시스템은 2003년에 개발 완료되어 2003년 말부터 한국의 서남부의 미군기지(수원-평택권-군산)에 배치되었고, 2006년에는 일본에도 배치

되었다. 다음으로 이지스함에 탄도미사일 탐지·추적·요격 능력을 탑재한 이지스탄도미사일방어체제(ABMD)가 있다. 현재 개발 완료된 SM-3Block1A를 장착한 ABMD는 주로 탄도미사일이 대기권 안팎에 도달한 중간단계에서 요격하는 임무를 띠고 있다. 미국은 2006년 가을부터 동해를 비롯한 아시아-태평양 지역에 ABMD를 배치하기 시작했고, 일본 역시 미국으로부터 이 미사일을 수입해 2008년부터 실전배치에 들어갔다. 또한 미일 양국은 신형 SM-3를 공동개발하고 있는데, 이 미사일은 사거리와 속도를 크게 높여 대륙간탄도미사일까지 요격할 수 있는 능력을 확보한다는 계획이다.

미국 본토 방어용으로는 클린턴 행정부 때 NMD로 불렸던 지상기반요격미사일(GBI)가 있다. 이는 주로 대륙간탄도미사일 요격용으로 탄도미사일을 대기권 밖에서 요격한다는 개념이다. 부시 행정부는 기술적인 결함에도 불구하고 2004년 대선 직전에 알래스카와 캘리포니아에 GBI를 배치했다. 현재 GBI는 알래스카 포트 그릴리에 9기, 캘리포니아 반덴버그 공군기지에 2기 등 모두 11기가 배치되어 있고, 그 수는 점차 늘어날 전망이다. 또한 폴란드에도 이 시스템의 배치를 추진하고 있는데, 이로 인해 러시아와의 갈등이 커지고 있기도 하다. 이 밖에도 미국은 PAC-3보다 요격 고도와 범위가 넓은 전역고고도미사일방어(THAAD), 초기단계에 미사일을 요격하는 시스템으로 보잉 747기에 레이저를 장착하는 항공기탑재레이저(Airborne Laser), 우주 공간에서 레이저를 발사해 요격하는 우주방어체제(SBL) 등도 개발하고 있다.

이러한 요격체제는 상대방 미사일 발사를 탐지하는 고성능 조기경보 레이더 및 방위지원위성, 미사일 비행경로를 추적하는 X-밴드 레이더, 진짜 탄두와 교란체를 구분하는 우주 적외선 위성, MD체제에서 브레인 역할을 하는 지휘통제전투관리통신본부(C2BMC) 등이 있어야 정상적으로 작동할 수 있다.

Q 미국은 왜 MD를 만들려고 하는가?

A 미국 정부가 미국 내의 비판적 여론과 국제사회의 반발에도 불구하고 MD를 강행하고 있는 공식적인 이유는 북한, 이란을 비롯한 적성국가들의 제한적인 탄도미사일 위협, 중국이나 러시아로부터의 우발적인(accidental) 미사일 발사, 그리고 테러리스트와 같은 비인가자(unauthorized)들의 미사일 공격 등에 대비한다는 것이다. 그러나 MD 구축은 지금까지 핵전쟁을 억제해온 '상호확증파괴'에 기반한 '공포의 균형'을 깨고 자국만이 선제 핵공격 능력을 갖겠다는 세계 유일 패권 전략을 군사적으로 뒷받침하고자 하는 것이라고 할 수 있다. 아울러 MD는 신자유주의적 세계화로 요약되는 미국중심의 세계 경제질서를 군사적 측면에서 보장하기 위한 동시에 냉전 해체로 위기에 빠진 미국 군산복합체들에게 막대한 이윤을 보장해 주기 위한 것이다. 클린턴에 비해 부시가 MD 추진에 더 열심인 것은 부시가 속해있는 공화당이 록히드마틴, 보잉, 레이시온 등으로 대표되는 군산복합체와 더욱더 긴밀한 유대관계를 가지

고 있기 때문이다. 또한 우주를 군사적으로 선점함으로써 지구에 대한 지배권을 강화하고, 정치·경제·군사적 측면에서 부상하고 있는 중국을 봉쇄하려는 의도도 강하게 내포돼 있다.

Q ABM 조약은 무엇이고, MD와 ABM 조약은 어떤 관계가 있는가?

A ABM 조약은 미국과 구소련이 1972년 체결한 군비통제 조약으로서 이후 군비경쟁을 완화하는데 시금석이 된 대표적인 조약이다. ABM 조약에서는 ABM 시스템을 비행중인 전략 탄도 미사일 또는 그 구성요소에 대항하는 시스템으로 규정하고 있고, ABM 요격미사일, ABM 발사대, ABM 레이더 등을 그 구성요소로 정의하고 있다. ABM 조약은 탄도미사일방어망에 대해 △수도와 대륙간탄도미사일 기지 중심 반경 150km 이내에 각각 하나의 ABM 체계만 배치 가능 △100기 이상의 요격미사일/발사대 배치 금지 △요격시스템 구축 한 지역으로 제한 △영토 전역 방어용 요격시스템 구축 금지 △이동식 요격시스템 구축 금지 △해상, 공중, 우주 또는 이동식 지상발사 ABM체계/구성요소의 개발, 시험, 배치 금지 △ABM 체계/구성품의 타국 이전 또는 국외 배치를 금지 등을 명시하고 있다. 즉, ABM 조약은 MD 구축을 완전히 금지시키고 있는 것은 아니지만, 큰 제한을 두고 있다. 그러나 부시 행정부는 MD 구축의 법적 제약에서 벗어나기 위해 2001년 12월 13일 ABM 조약 탈퇴를 선언했고, 2002년 6월 13일부로 ABM 조약은 역사

속으로 사라지게 됐다.

Q 왜 MD는 새로운 군비경쟁을 야기한다고 하는가?

A MD가 야기하는 군비경쟁의 형태는 크게 두 가지로 생각할 수 있다. 하나는 MD를 무력화시킬 수 있는 보다 강력한 공격용 무기의 개발이고, 다른 하나는 상대방의 미사일 공격을 방어하기 위한 방어용 무기의 개발이다. 미국이 MD 구축을 강행할 경우 이에 불안을 느끼고 있는 북한, 러시아, 중국 등이 핵전력을 강화하고, 이를 운반할 수 있는 미사일 개발에 박차를 가하겠다는 것은 MD 구축에 따른 군비경쟁의 초기 양태가 공격용 무기 개발 경쟁의 형태로 나타날 것이라는 점을 예고한다. 또한 MD를 구축하기에는 아직 경제력과 기술력이 부족한 러시아와 중국으로서도 미국과 일본이 MD를 보다 강력한 형태로 계속 추진할 경우 공격용 무기에 기초한 전략적 보복 능력에만 의존하지는 않을 것이다. 군비경쟁의 기본적 속성과 그 역사를 돌이켜볼 때, 미국이 MD를 강행될 경우 중국과 러시아 역시 미사일 방어망 구축에 나설 것이라는 점을 쉽게 알 수 있다. 아울러 MD가 우주의 군사적 선점과 밀접한 연관을 갖고 있는 만큼, 우주 군비경쟁도 첨예해질 공산이 크다.

Q 한국의 MD 정책은 어떠한가?

A 한국은 2008년 3월 현재까지 공식적으로 미국 주도의 MD 체제에 참여하지 않고 있다. 그러나 오산공군기지와 평택

기지 등 미군기지에 패트리어트 최신형인 PAC-3 배치를 허용했고, 미국 정부는 다른 MD 시스템도 한국에 배치한다는 계획이다. 한국 정부의 공식적인 입장은 미국 주도의 MD에는 참여하지 않고, 독자적으로 제한된 미사일방어체제를 구축한다는 것이다. 그러나 한미동맹의 구조와 현실을 고려할 때, 이러한 입장이 실효성이 있는지에 대해서는 논란이 끊이지 않고 있다. 아울러 한미동맹 강화를 주창하고 있는 이명박 정부가 MD 참여를 선택할 가능성도 배제할 수 없다.

부시, MD, 그리고 이후

레이건의 꿈을 이룬 부시?

'스타워즈'라는 조롱과 찬사를 동시에 받아온 MD는 미국의 절대안보를 상징한다. 25년 전 레이건 대통령이 소련을 "악의 제국"으로 지칭하면서 "전략미사일이 미국이나 동맹국의 영토에 떨어지기 전에 이들을 요격함으로써 자유 진영의 국민들이 안전하게 살려고 하는 것이 도대체 무엇이 문제인가"라고 말한 것은 이러한 미국의 세계관을 잘 보여준다. 그러나 레이건의 호언장담은 500억 달러를 쏟아 부었지만 실현되지 않았고, 소련의 해체와 함께 역사 속으로 사라지는 듯 했다.

레이건의 '스타워즈 연설' 이후 25년이 지난 오늘날, 레이건의 후계자를 자처한 부시 행정부는 백악관에 나서기 전에 MD 를 최대한 본 궤도에 끌어올리겠다는 심사로 '브레이크 없는 질주'를 하고 있다. 2008년 3월 11일 헤리티지재단 주최로 열린 레이건의 '전략방위구상(SDI, 일명 스타워즈)' 연설 25주년 기념행사에 참석한 딕 체니 부통령은 "레이건의 연설은 역사상 가장 훌륭하고 중대한 것"이었다며, "레이건의 MD 구상은 냉전시대를 미국의 승리로 이끌었고, 그는 우리 역사상 최고의 대통령"이라고 치켜세웠다. 특히 부시 행정부가 MD를 통해 레이건의 염원에 한발 다가섰다고 강조하면서, "미국의 차기 대통령도 이를 따라야 한다"고 말했다. "MD야 말로 미국의 이상과 독창성, 그리고 낙관주의의 결정체"이기 때문이다.

실제로 부시 행정부는 보수파의 영웅으로 추앙 받아온 레이건의 못 이룬 꿈을 이루겠다고 작심한 듯, 임기 막바지에도 불구하고 MD에 열을 올리고 있다. 2008년 2월 하순에 지표면으로 떨어지던 '고장난 첩보위성'으로부터 인류의 안전을 보호한다는 명분으로 SM-3로 위성을 격추했다. 3월 중순에는 폴란드 대통령을 백악관으로 초청해 대규모의 군사지원을 해줄테니 폴란드에 요격미사일 배치를 허용해달라고 요구해 동의를 받아냈다. 그리고 최근에는 동유럽에 MD를 배치하는 것을 인정해달라고 러시아를 설득하는 데 총력을 기울이고 있다.

부시 8년, MD 어디까지 왔나?

그렇다면 "이마에 MD를 새긴 정권"이라는 비아냥거림을 들을 정도로 MD에 적극적이었던 부시 대통령의 임기 동안 MD는 어디까지 와 있을까? MD 구축을 핵심적인 대선 공약으로 내세웠던 부시 대통령은 2001년 5월 1일 MD 구축을 공식 선언했다. 이에 앞서 클린턴 행정부 때 타결 일보직전까지 갔던 북한과의 미사일 협상을 중단시켜, MD 구축의 최대 명분으로 내세우기도 했다.

그러나 탄도미사일이 아닌 면도칼로 무장한 테러리스트가 여객기를 납치해 뉴욕의 세계무역센터와 워싱턴의 펜타곤을 공격한 '9.11 테러'가 발생하면서 MD는 주춤하는 듯 했다. 'MD에 정신이 팔린 나머지 테러를 제대로 막지 못했다'는 비판이 미국 내에서 일어났기 때문이다. 그러나 부시는 "9.11 테러가 MD의 필요성을 더욱 절실하게 만들었다"며 9.11 테러를 '브레이크 없는 질주'의 계기로 삼았다. 그 해 12월 13일 MD에 제한을 가했던 ABM 조약에서 탈퇴해버린 것이다.

ABM 조약이라는 굴레에서 벗어난 부시 행정부는 MD를 향해 거침없이 내달렸다. 미국 국내에서는 '국가안보 절대주의'가 맹위를 떨치면서 MD에 대해 입도 뻥긋하기 어려운 분위기가 조성되었다. 러시아와 중국 등 MD에 강력 반발했던 나라들도 '초상집에 가서 빚 독촉하지 말라'는 말을 상기시키듯, 미국에 대한 비판을 자제했다. 그리고 2002년 10월 터진 이른바 '2차 북핵 위기'를 계기로 부시는 MD 구축에 한층 열을 올렸다. 한달이 멀다하고 약 1억 달러가 들어가는 MD 실험을 실시했고, 2004년 미국 대선을 앞두고는 성능이 입증되지도 않은 MD 시스템을 알래스카와 캘리포니아에 배치했다. 표면적으로는 북한의 미사일 위협에 대비하기 위한 것이라고 했지만, 부시의 '재선용'이라는 비난도 거세게 일었다.

부시 행정부는 "통합되고, 강력하며, 전지구적인(integrated, robust, and global)" MD를 목표로 삼아왔다. 여기서 '통합'이란 공군, 육군, 해군 간의 합동 작전과 지상기반요격미사일(GBI), 이지스탄도미사일방어(ABMD), MD 센서, 지휘통제전투관리통신본부(C2BMC) 등 MD 요소들이 통합되어 작전을 수행한다는 것을 의미한다. 가령 미 공군이 운용하는 PAC-3가 해군이 운용하는 이지스함으로부터 정보를 전달받아 탄도미사일을 요격한다는 개념이다. '강력함'은 지상-해상-공중과 초기-중기-말기 등 다층적-다고도 요격 시스템을 구축한다는 의미이고, '전지구'는 유럽, 중동, 아시아의 동맹 및 우방국과의 협력을 확대해 MD 시스템을 전 세계에 걸쳐 배치한다는 것을 의미한다.

이러한 MD 개발 및 배치를 담당하는 부서는 미 국방부 산하 미사일방어국(MDA)이다. MDA는 2008년 현재 5단계(Block 1.0-5.0)로 나누어 MD를 배치하고 있다. 각각의 단계는 미국의 위협 인식 및 MD 개발 수준이 반영된 것으로서, 반드시 하나의 단계가 끝나야 다음 단계로 넘어가는 것을 의미하지 않는다. 가급적 단계별로 진행하되 사정에 따라 동시에 진행하기도 하고, 선후가 뒤바뀌기도 한다.

Block 1.0은 제한적인 북한의 장거리 미사일 위협으로부터 미국을 보호하는 것이다. 북한을 최우선적인 대상으로 삼아온 것을 거듭 확인할 수 있는 대목이다. 구성 요소로는 30기의 GBI를 알래스카의 포트 그릴리와 캘리포니아의 반덴버그 공군기지에 배치하고, 비엘레(Beale) 개량형조기경보레이더, 코브라 데인(Cobra Dane) 레이더, 해상배치 X-밴드 레이더, X-밴드 전진배치 레이더, AN/SPY-1 레이더를 탑재한 이지스함 등 감시장비와 C2BMC 등이 있다. 이러한 계획은 2008년 3월 현재 거의 마무리 단계에 있다. Block 2.0은 한 곳의 지역에서 동맹국과 현지 주둔 미군을 중장거리 미사일로부터 보호하는 것이다. 구성 요소로는 2007년부터 실전배치에 들어간 SM-3Block1A 71기를 이지스함에 장착하고, 2009년까지 개발 완료할 예정인 SM-2Block4, 48기의 THAAD 요격 미사일을 보유한 2개 부대 등이 있다. 이 밖에도 패트리어트 최신형인 PAC-3는 주한미군과 주일미군 기지에 배치되어 있다. 2008년 3월 기준으로 약 50% 정도의 진척도를 보이고 있다.

3.0은 제한적인 이란의 장거리 미사일 위협으로부터 미국을 보호하는 것이다. 이는 폴란드에 요격미사일을, 체코에 X-밴드 레이더 배치 계획을 골자로 한다. 그러나 이에 대해 러시아는 자신의 턱밑에 MD를 배치하려고 한다며 강력히 반발하고 있어, 이러한 계획이 실현될 지는 아직 미지수에 있다. Block 4.0은 이란의 미사일로부터 유럽을 보호하고 미국 본토 방어 능력을 확대하는 것이고, 5.0은 중동 및 동북아 등 두 개의 지역에서 동맹국과 미군을 보호하는 것이다. MDA는 또한

이러한 5단계 배치 계획이 대강 마무리되면, Block 6.0으로 넘어가 탄두와 교란체를 구분하고 다탄두 미사일을 요격할 수 있는 다중 요격(multiple kill) 능력을 확보한다는 계획이다.

차기 미국 정부는?

부시의 임기 동안 '팍스 아메리카나'의 쇠퇴가 가시화되고 있지만, 미국은 여전히 유일 초강대국의 위치에 있다. 서브프라임 사태로 촉발된 미국의 경제 위기는 지구촌 곳곳에도 그 영향을 미치고 있는데, 이는 한편으로는 미국 패권의 쇠퇴를 보여주지만 다른 한편으로는 그 만큼 미국의 영향력이 강하다는 것을 말해준다. 또한 부시가 "악의 축"으로 지목한 이라크, 이란, 북한 문제도 차기 미국 대통령이 피해갈 수 없는 사안들이다. 부시 행정부가 동유럽에 미사일방어체제(MD) 배치를 강행하려고 하면서 촉발된 러시아와의 '제2의 냉전' 분위기도 수그러들지 않고 있다. 21세기 미국 패권의 유력한 도전자로 일컬어지고 있는 중국이 베이징 올림픽을 성공적으로 개최하면, 미국의 차기 정부는 한층 강해진 중국과 맞닥뜨리게 될 것이다. 이러한 이유들 때문에 지구촌의 많은 나라들은 미국 대선을 자국의 선거 못지않게 관심을 갖고 지켜보고 있다. 여기에는 군사적 일방주의로 전 세계에 걸쳐 반감을 자아냈던 '부시 이후의 미국'이 달라질 것이라는 기대감과 '오십보 백보'라는 회의감이 깔려 있다. 그리고 그 기대감과 회의감이 교차하는 길목

한쪽에는 미국 군사패권주의의 상징인 MD가 자리 잡고 있다.

일단 메케인이 당선될 경우 부시 행정부의 대외정책 기조가 대체로 유지될 것으로 보이는 반면에, 민주당이 승리하면 적지 않은 변화가 예상된다. MD 역시 이러한 맥락에서 이해할 수 있다. 민주당에 앞서 후보를 결정한 공화당은 민주당 후보들에게 '안보 공세'를 퍼붓고 있다. 주된 소재는 역시 MD이다. 선봉에 나선 딕 체니 부통령은 3월 11일 헤리티지재단 주최 연설에서 부시 행정부의 MD를 찬양하면서 "미국의 다음 대통령도 이를 따라야 한다"고 말했다. 여성인 힐러리와 경험이 많지 않은 오바마를 겨냥한 발언이었다. 또한 메케인의 동료인 존 카일 상원의원 역시 오바마가 MD 예산을 줄이겠다고 밝힌 것을 문제 삼으면서 "그가 대통령이 되면 MD 꿈이 물거품이 될 것"이라고 공세의 수위를 높였다.

부시 행정부와 공화당 측의 안보 공세가 거세질 조짐을 보이자, 오바마와 클린턴도 주춤하고 있다. 오바마 외교안보팀의 핵심 참모인 수잔 라이스와 클린턴 캠프의 마라 러드만은 폴란드와 체코에 MD 시스템을 배치하려는 부시 행정부의 계획을 지지한다는 입장을 밝혔다.

오바마의 홈페이지를 보면, MD에 대한 언급은 "이스라엘과의 MD 개발에 계속 협력하겠다"는 것 이외에는 없다. 저명한 외교전문잡지인 포린어페어 2007년 7/8월호에 기고한 글에도 MD에 대한 언급을 찾아볼 수 없다. 그만큼 조심스럽다. MD가 미국의 절대안보, 특히 대량살상무기 확산이 우려되는 시대에 필수적인 안보수단이라는 인식이 확산되면서, 이에 대놓고 반대했다간 '안보를 무시하는 이상주의자'라는 거센 비난을 자초할 수 있다고 보기 때문이다. 이를 뒷받침하듯 오바마는 "입증되지 않은 MD에 많은 예산을 쏟아 붓는 것은 곤란하다"면서도, "실용적이고 경제적이며 작동 가능한 MD 개발이 필요하다"는 입장을 보이고 있다. 이는 부시 행정부 수준보다는 규모가 작지만 MD에 대한 필요성을 기본적으로 지지한다는 것으로 해석할 수 있다.

오바마의 경쟁자인 힐러리 역시 '모호성'을 견지하고 있다. 힐러리는 2002년 12월 부시 행정부가 탄도미사일방어(ABM) 조약에서 탈퇴를 선언한 것에 대해 공개적으로 비판한 바 있고, MD에 대한 표결에서도 4차례에 걸쳐 반대표를 던진 바 있다. MD에 대한 힐러리의 이와 같은 부정적인 태도는 "과연 여성이 미국의 최고사령관이 될 수 있느냐"는 편견과 맞물려 힐러리에 대한 보수파의 안보 공세를 강화시켜주는 빌미로 악용되었다. 그러자 힐러리는 MD에 대한 비판적인 언급을 자제하면서 가급적 이 문제를 이슈화하지 않겠다는 태도를 보이고 있다.

이처럼 민주당 후보들이 MD에 대해 명확한 입장을 드러내지 않고 있는데 반해, 메케인은 주요 대선 후보 가운데 유일하게 자신의 홈페이지에 'MD 공약'을 명시할 정도로 대단히 적극적인 태도를 보이고 있다. 효과적인 MD는 북한, 이란 등 "깡패국가"들의 미사일 위협에 대응하는 데 필수적일 뿐만 아니라, 러시아, 중국 등 전략적 경쟁자들의 잠재적인 위협에 맞서는 데에도 필요하다는 것이다. 특히 "MD는 미군이 해외에서 군사작전을 벌이는데 적의 미사일 위협에 의해 억제되지 않게 하는 데 필요하다"고 말해, MD를 선제공격 전략과 연계시키고 있다는 것을 명확히 드러냈다. 또한 "미국은 핵미사일 공격의 그늘 아래에서 살아서는 안 된다"며, 자신이 대통령이 되면 "미국 국민이 더 이상 '공포의 균형' 아래에서 살지 않도록 효과적인 MD를 구축하겠다"고 공약하고 있다.

MD에 대한 이와 같은 후보들의 입장 차이는 미국이 MD의 명분으로 삼고 있는 북한, 이란에 대한 인식의 차이가 반영되어 있다. 부시 행정부의 일방주의를 비판해온 오바마와 힐러리는 북한과 이란의 위협을 외교를 통해 풀어야 한다는 점에 방점을 두고 있다. 물론 이들도 군사적 억제력과 선제공격 가능성을 완전히 배제하지 않고 있다. 이에 반해 메케인은 북한과 이란의 위협에 맞설 수 있는 최선의 방법은 군사력에 있다고 본다. "깡패국가"들에게 외교적 해결을 기대하는 것은 연목구어와 같은 일이라는 인식을 바탕으로 MD와 선제공격 능력의 강화를 통해 이러한 위협을 분쇄해야 한다는 입장에 서 있는 것이다.

종합해보면, 메케인이 승리할 경우 미국의 MD는 부시 행정부 시기 못지않게 강력하게 추진될 전망이다. 반면 민주당이 집권할 경우 규모와 예산, 그리고 속도는 조정되겠지만, MD 계획 자체를 철회할 가능성은 극히 낮다. 이와 관련해 빌 클린턴 행정부도 미국 본토 방어용인 국가미사일방어체제(NMD) 구축에는 미온적이었던 반면에, 해외 주둔 미군 및 동맹국 방어용인 전역미사일방어체제(TMD) 구축에는 비교적 적극적이었던 것을 상기할 필요가 있다. 민주당 집권 시 막대한 예산이 투입되고 그 효과는 입증되지 않은 반면에, 러시아, 중국 등 강대국 관계에 부정적인 영향을 줄 수 있는 NMD(부시 때는 GBI)는 하향 조정될 가능성이 높지만, PAC-3, ABMD, THAAD 등으로 이뤄진 TMD는 부시 행정부 때와 큰 차이를 드러내지 않을 공산이 크다는 것을 말해준다.

MD와 미·중·일·러

미일간의 MD 동맹

미국과 일본 사이의 MD 협력도 주목을 끌고 있다. 1998년 8월 말 북한의 인공위성 광명성 1호(대포동 1호) 발사 직후부터 미국의 MD계획에 참여해온 일본은, 당초 2004년까지 기술연구를 하고 개발배치 여부는 기술연구의 타당성을 검토해 2005년 이후에 결정하기로 했었다. 그러나 2002년 10월 북핵문제가 불거진 이후 미국의 노골적인 압력을 받아온 일본은 당초 방침을 뒤집어 MD 배치를 가속화하기로 했다. 이에 따라 2007년 3월 도쿄 북부에 PAC-3를 최초로 배치한 일본은 2010년까지 항공자위대 16곳에 PAC-3를 추가 배치할 계획이다. 또한 현재 보유하고 있는 이지스함 4척에 2011년까지 SM-3를 탑재키로 했고, 2007년 12월 하와이 인근 해상에서 첫 시험 발사를 성공하기도 했다. 일본이 PAC-3에 이어 SM-3를 배치한다는 것은 지상/해상에서, 종말/중간 단계에서 미사일을 요격할 수 있는 이중 요격 능력을 갖게 된다는 것을 의미한다.

일본은 또한 미국과의 MD 협력을 원활하게 하기 위해 관련 법과 제도 정비에도 박차를 가해왔다. 2005년 6월 일본 중의원은 MD 법안을 통과시켜 방위청(현 방위성) 장관이 총리 및 내각의 승인 없이도 상대방의 미사일을 요격할 수 있는 권한을 부여했다. 이는 군에 대한 문민통제가 무너지고 있는 신호탄이라고 할 수 있다. 또한 MD는 일본의 집단적 자위권 행사 금지를 무력화하는 선봉장 역할을 하고 있다. 미일간의 MD 협력, 특히 정보교류는 동아시아 지역뿐만 아니라 미국 본토의 미사일방어 작전에도 활용될 수 있기 때문에, 집단적 자위권을 불허하고 있는 평화헌법과 저촉된다는 해석이 유력했었다. 일본의 MD 참여가 평화헌법 개정의 시금석으로 간주되어 온 것도 이 때문이다. 그러나 2004년 봄부터 미국과 일본은 MD 정보협력을 기정사실화하고 이를 위한 시스템 구축에 박차를 가해왔다. 미국은 일본 방위청 산하 기관이 개발한 레이더(FPS-XX)의 정보공유를 승인 받았다. 또한 미국은 일본 해상자위대가 보유한 이지스함으로부터 탄도미사일 관련 정보도 제공받기로 했다.

아울러 미국은 2007년 10월 일본 북부 아오모리에 있는 미사와 미군기지에 미사일 추적 기지를 건설했다. 합동전술지상기지(Joint Tactical Ground Station)라는 이름을 달고 있는 이 기지는 상대방 미사일의 비행경로를 추적해 그 정보를 주일미군과 일본자위대에 전달하는 기능을 수행하게 된다. 또한 이와 비슷한 시기에 미국은 미사와 미군기지 인근에 있는 샤리키 항공자위대 기지에 전진배치 X-밴드 레이더와 C2BMC 지원 장비를 배치했다. 이러한 정보 시스템 구축과 정보 공유를 통해 미일동맹은 북한, 중국 등의 미사일 발사 정보를 조기에 확보함으로써 미사일 요격 시간을 벌 수 있게 되었다. 아울러 MD 구성 요소들 사이에 네트워크를 구축해 시스템간의 정보교류를 가능하게 한다는 구상이다. 즉, 이지스함과 PAC-3, 그리고 조기경보레이더 등 MD 시스템은 각기 독립적으로 운용되는 것이 아니라 상호간의 정보공유를 통해 다층적인 요격체제를 구성한다는 것이다.

미일 양국이 차세대 요격 미사일을 공동 개발하기로 한 것역시 주목할 필요가 있다. 이 요격 미사일은 미국이 개발 완료해 실전배치에 들어간 SM-3Block1A보다 사정거리가 크게 늘어난 것으로써, 기존의 SM-3가 주로 중단거리 탄도미사일 요격을 위해 만들어진 것이라면 미일 양국이 공동 개발하고 있는 신형 SM-3Block2는 대륙간탄도미사일(ICBM)까지 요격이 가능한 것으로 알려지고 있다. 일본은 이 미사일 개발 및 미국과의 협력을 원활하게 하기 위해 무기수출 3원칙을 완화해 신형 SM-3 부품의 대미 수출을 허용키로 했다.

이러한 내용을 종합해볼 때, MD는 일본의 평화헌법 체제를 무너뜨리고 있는 '트로이의 목마'라고 할 수 있다. MD가 일본의 군사대국화 및 우경화를 억제해온 핵심적인 문제들, 즉 집단적 자위권 불허와 무기수출 3원칙, 그리고 군의 문민 통제 원칙을 무력화시키고 있기 때문이다. 이 과정에서 미일 강경파들이 북한과 중국 위협론을 최대 명분으로 내세워왔다는 것은 주지의 사실이다.

MD와 미·중·러 삼각관계

미국의 MD 계획이 구체화되기 시작한 1990년대 후반, 미국의 경쟁자에 해당하는 중국과 러시아는 물론이고, 유럽의 미국 동맹국들조차 MD가 새로운 군비경쟁을 야기할 것이라며, 미국에 반기를 들었었다. 일례로 1999년 10월 중국과 러시아는 정상회담 공동성명을 통해 "MD는 국제사회로 하여금 단일한 생활양식, 가치관, 이데올로기 등을 수용할 것을 강요하는 단극체제를 강화할 것이며, 진영간의 군사적 대립을 확대·강화하고, 국제법을 권력정치로 대체하거나 무력에 더 의존하게 만들고 있다"고 비난한 바 있다. 그리고 2001년 1월 MD 구축에 사활을 건 부시 행정부가 등장하자, 이들 두 나라는 국제사회에서 반反MD 전선을 주도했다.

그러나 2001년 9.11 테러가 터지자 "초상집에 가서 빚 독촉하지 말라"는 말을 상기시키듯이, 미국의 MD에 대한 국제사회의 비판여론은 크게 줄었다. 그러자 부시 행정부는 2001년 12월 13일 MD에 제한을 둔 탄도미사일방어(ABM) 조약 탈퇴를 선언하면서 MD 구축에 박차를 가하기 시작했다. 알래스카와 캘리포니아에 서둘러 MD 요격미사일을 배치하는 한편, 북한의 핵미사일 위협을 이유로 호주와 일본과 MD 협력을 강화했고, 공식적으로 MD 참여를 선언하지 않은 한국에도 주한 미군 기지에 패트리어트 최신형인 PAC-3를 배치했다. 또한 2007년 1월에는 동유럽에 MD 배치 계획을 발표했다. 이에 따라 2007년 들어 MD는 다시 국제정치 무대의 중앙에 복귀했다. 러시아가 9.11 테러 이후의 침묵을 깨고 미국의 MD 계획에 강력 반대하고 나섰고, 중국 역시 MD에 대한 정치외교적 비난은 자제하면서도 핵전력 강화에 나서고 있기 때문이다.

세계 유일 초강대국인 미국, 과거의 영광을 회복하려는 러시아, 21세기 미국의 전략적 경쟁자로 일컬어지는 중국 등 MD를 둘러싼 3자 사이의 관계는 미래의 세계질서에 대해서도 중대한 함의를 갖는다. 세계에서 가장 강력한 공격 능력을 갖춘 미국이 상대방의 보복 능력을 약화시킬 수 있는 방어력까지 갖춘다면, 미국과 전략적 경쟁 관계에 있는 중국과 러시아가 느끼는 위협은 그만큼 커질 수밖에 없고, MD에 불안을 느끼고 있는 나라들은 더 강력한 핵미사일을 통해 MD를 뚫으려고 할 것이기 때문이다. MD를 중심으로 한 이들 3자 사이의 관계를 살펴보면 아래와 같다.

앞서 언급한 것처럼, MD에 강력 반발했던 러시아와 중국은 9.11 테러가 발생한 직후, MD에 대한 공세의 수위를 크게 낮췄다. 푸틴 러시아 대통령은 부시 행정부가 ABM 조약에서 탈퇴하고 MD 구축 강행을 선언한 다음날인 2002년 12월 14일 성명을 발표해, "이번 미국의 결정은 실수라고 생각한다"며 비판했다. 그러나 푸틴은 "러-미 양국은 다른 핵무기 보유국들과 달리 MD를 뚫을 효과적인 무기체계를 갖고 있기 때문에, 미국의 이번 결정은 러시아 안보에 위협이 되지 않을 것"이라며 자신감을 표현한 뒤, "러시아와 미국은 가능한 빨리 새로운 전략적 관계를 수립해야 한다"며 미국의 ABM 조약 탈퇴를 현실로 받아들였다.

중국 정부 역시 "ABM 조약은 존속되어야 한다. 중국은 MD에 반대하며, 이 체제의 부정적 영향에 대해 우려하고 있다"고 말하면서, 미국에 우려의 뜻을 전달했다. 그러나 "이러한 문제와 관련해 미국과의 전략적인 대화가 필요하다"며 오히려 미국 측의 대화를 촉구하고 나서는 모습을 보임으로써, MD 구축에 맞서 "군비경쟁도 불사하겠다"는 기존의 입장을 확실히 누그러뜨렸다.

중국, "MD는 21세기 최대 위협"

푸틴이 공언한 것처럼 MD를 무력화시킬 수 있는 핵전력을 보유하고 있는 러시아가 9.11 테러 이후 MD를 현실로 받아들이는 태도는 어느 정도 이해할 수 있었다. 그러나 MD에 가장 큰 불안을 느껴온 중국의 '조용한 대응'은 다소 의외라고 할 수 있다. 이러한 '중국의 침묵'에 대해 베이츠 길은 크게 네 가지로 설명한 바 있다. 첫째, MD가 중국 안보에 미치는 구체적인 영향과 상관없이 미국이 중국을 북한과 같이 '깡패국가'라며 MD 구축의 명분으로 삼고 있지는 않고 있기 때문이다. 둘째, 2001년 초 미중간의 첨예한 논란으로 부각된 바 있는 대만의 MD 포함문제에 대해, 일단 부시 행정부가 PAC-3와 이지스함을 대만에 판매하지 않기로 함으로써 두 국가의 충돌을 피할 수 있었다. 셋째, 부시 행정부가 ABM 조약 탈퇴 직후 장쩌민 주석에게 전화를 걸어 상의하는 등, 중국의 체면을 세워주었기 때문이다. 넷째, 러시아의 반발이 줄어들고 있는 것도 중국이 계속 강경한 입장을 고수할 수 없는 이유가 되었다.[1]

그러나 중국의 반발이 누그러졌다고 해서, 이를 곧 중국이 MD를 수용하고 있다고 보는 데에는 무리가 따른다. 근본적으로 미국이 21세기 잠재적인 적으로 중국을 상정하고 대중국 견제 및 봉쇄 강화를 핵심적인 군사안보전략으로 삼고 있는 상황에서, MD 구축은 중국의 안보딜레마를 한층 자극할 수밖에 없기 때문이다. 또한 1만 개 이상의 핵무기와 수천 기의 핵미사일을 보유한 러시아와는 달리, 중국은 미국 본토를 공격할 수 있는 핵미사일 숫자가 20여 기에 불과하다. 이는 이론적으로 100기 정도의 MD 요격미사일로 무력화가 가능하다. 이와 관련해 조안네 톰킨스가 2002년 여름 중국 현지에서 정부 관리, 군관계자, 민간 전문가 등 60여 명을 인터뷰해 작성한 보고서를 주목할 필요가 있다.[2] 그는 미국의 ABM 조약 탈퇴, 미국-러시아 사이의 핵무기 감축 협정 체결, 핵태세검토 보고서(NPR), MD 등이 중국의 핵 계획에 변화를 가져오고 있다며, 이 가운데 중국의 정책 결정자 및 전문가들은 MD를 가장 큰 위협으로 해석하고 있다고 결론지었다.

중국이 MD에 위협을 느끼고 있다는 것은 대만 통일 문제와 연결시켜 생각하면 쉽게 이해할 수 있다. 이는 두 가지 차원에서 이해할 수 있는데, 첫째 대만이 미국의 MD망에 포함될 경우와 둘째 대만과의 무력 충돌 시 미국의 개입 여부로 나누어 볼 수 있다. 대만이 MD에 포함된다는 것은 대만을 겨냥한 중국의 미사일이 적지 않게 무력화될 수밖에 없을 뿐만 아니라, 사실상 미국의 안보 우산에 편입됨에 따라 대만의 독립 의지를 부추길 것으로 중국은 보고 있다. 대만이 MD 우산에 편입되지 않더라도, 미국이 중국의 대륙간탄도미사일(ICBM)을 무력화시킬 수 있는 MD를 갖게 될 경우 중국은 대만과의 무력 충돌 시 미국의 개입을 억제할 수 있는 힘을 크게 상실하게 된다. 대만의 MD 편입 여부와 관계없이 중국은 MD 자체에 큰 위협을 느낄 수밖에 없는 것이다.

중국의 고민은 이렇듯 MD의 위협적인 성격을 잘 알고 있더라도, MD에 대응하기가 힘들다는 점에 있다. MD에 대응하는 가장 확실한 방법은 핵무기 전력을 비약적으로 강화시켜 MD를 무력화시키는 것이지만, 이를 위해서는 막대한 군비 지출이 불가피하고 중국이 내세우고 있는 '평화발전론'에도 부합하지 않는다. 경제성장을 제1의 국가 목표로 삼고 있는 중국으로서는 쉬운 결정이 아니다. 특히 1980년대 소련이 MD 구상의 원조라고 할 수 있는 레이건의 전략방위구상(SDI)에 맞서 군비경쟁을 했다가 몰락한 사례도 중국으로서는 무시할 수 없다. 실제로 중국 내 일부 신중론자들은 "미국의 MD가 본질적으로 노리는 것은 중국으로 하여금 군비경쟁에 나서게 하는 것"이라며, MD를 무시하는 것이 현실적인 최선이라고 주장하고 있다. 그러나 머지않아 MD를 비롯한 미국의 패권주의에 큰 위협을 받을 수밖에 없는 상황에서, 팔짱만 끼고 있을 수도 없다는 주장도 강하게 제기되고 있다. 특히 일부 강경파들은 경제성장이 주춤하더라도 늦기 전에 핵무기 전력을 대대적으로 강화시켜 MD에 맞서야 한다는 주장도 나오고 있다.

이렇듯 조용하면서도 중대한 중국 내부의 논쟁은 '중간'으로 수렴되고 있다. 즉, MD가 중국에 직접적인 위협을 주기 전까지 미국과 맞서는 것을 자제하되 점진적으로 핵무기 등 대응 전력을 증강시키는 방향으로 국가전략이 수립되고 있다는 것이다. 이에 따라 중국은 10여 년에 걸쳐 2001년의 핵전력을 10배가량 증강시켜 나갈 것으로 미국의 중앙정보국(CIA) 등은 보고 있다. 실제로 중국은 2000년 이후 매년 15% 이상 국방비를 증액하면서 군현대화에 박차를 가하고 있다. 군현대화 프로그램에는 이동식, 다탄두 핵미사일 개발·배치, 잠수함발사탄도미사일(SLBM), 위성 파괴 무기 등 MD를 무력화할 수 있는 무기 체계도 상당수 포함되어 있다.

침묵을 깬 러시아

　한동안 잠잠했던 러시아도 2007년 들어 오히려 중국보다 훨씬 강력하게 미국의 MD에 맞서고 있다. 발단은 미국의 동유럽 MD 배치 계획이다. 미국은 이란의 핵미사일 위협을 이유로 폴란드에 10기의 요격미사일과 체코에 X-밴드 레이더를 배치하겠다고 발표했다. 당초 미국은 2007년 안에 체코 및 폴란드와의 양자 협의를 마무리하고 2008년부터 공사에 들어가 2011년경에 실전 배치를 마무리하기를 희망했었다. 그러자 러시아가 발끈하고 나섰다. 푸틴 대통령은 미국의 계획이 발표된 직후인 2007년 2월 초에 미국의 MD 및 군사패권주의를 거론하면서 "미국이 세계의 지배자, 유일한 주권국가"처럼 행세하고 있다고 비난했다. 러시아의 하원인 두마 역시 미국이 MD 계획을 밀어붙이면 제2의 냉전이 초래될 수 있다고 경고했다. 그러자 미국은 "냉전은 한번으로 족하다"며 MD는 러시아에 위협이 되지 않는다고 강변했다.

　그러나 러시아는 물러서지 않았다. 오히려 미국의 동유럽 MD 배치 계획이 철회되지 않으면, 1987년 미소간에 체결된 중거리핵미사일폐기협정(INF: Intermediate-Range Nuclear Forces Treaty)에서 탈퇴할 수 있다고 경고했다. INF는 냉전시대 대표적인 군축조약 가운데 하나로, 사거리 500~5500km의 탄도미사일과 순항 미사일을 폐기하기로 한 것이다. 그러나 미국 역시 물러서지 않았다. 동유럽 배치 MD는 러시아와 무관하다는 입장을 고수했다.

미국이 물러서지 않자, 러시아는 유럽재래식무기감축협정 (CFE: Treaty on Conventional Armed Forces in Europe)까지 언급하고 나섰다. 푸틴은 2007년 4월 26일 의회 연설에서 미국이 동유럽에 미사일방어체제(MD) 배치 계획을 철회하지 않으면, CFE 조약을 준수하지 않을 수 있다고 경고하고 나선 것이다. CFE는 유럽의 냉전 종식을 상징하는 조약 가운데 하나라는 점에서 러시아의 경고는 미러 관계가 냉전 시대에 버금가는 적대관계로 돌아설 것이라는 우려를 증폭시키고 있다.

러시아는 이렇듯 MD에 맞서 군축조약 무력화에 나서는 한편, 핵전력 강화에도 박차를 가하고 있다. 냉전 시대 레이건의 전략방위구상(SDI)에 맞서 추진했다가 중단한 핵전력 증강 프로그램을 재개하고 있는 것이다. 여기에는 다탄두 핵미사일 성능 개량, 이동식 핵미사일 증강, 궤도 수정이 가능한 탄두 개발 등이 포함되어 있다. 러시아는 2007년 하반기부터 이러한 미사일 실험을 연달아 실시하면서, MD를 무력화시킬 수 있는 능력을 과시하고 있다.

이처럼 러시아가 MD에 극히 민감한 반응을 보이고 있는 이유는 크게 두 가지로 추론해볼 수 있다. 첫째는 미국에게 무시당하고 있다는 것이다. 부시가 ABM 조약에서 일방적으로 탈퇴하고, 러시아와 사전 협의 없이 동유럽에 MD를 배치하려고 하는 것은 자신을 무시하지 않고서는 가능하지 않다는 것이 러시아의 시각이다. 이는 냉전 시대에 미국과 함께 양극 체제를 형성했던 과거를 떠올리게 하며 '강한 러시아 건설' 욕구를 부채질하고 있다.

둘째는 지금 당장 MD가 위협이 되지 않더라도 앞으로는 달라질 수 있다는 것이다. 미국의 MD는 기본적으로 '다층-다각도' 체제이다. 지상-해상-상공-우주로 이어지는 MD 체제에서 현재 개발이 완료되고 실전배치에 들어간 것은 지상MD와 해상MD이다. 미국은 이를 점차 상공과 우주로 확대한다는 계획이다. 이에 반해 러시아는 2012년까지 핵미사일을 1700-2200개 수준으로 감축키로 했다. 핵미사일 수는 줄어드는 반면에 미국 주도의 MD가 막강해지면, 러시아의 전략적 손실은 그만큼 클 수밖에 없는 것이다. 특히 러시아는 자신의 턱밑인 동유럽에 MD가 배치되는 것 자체가 위협이 되고, '가랑비에 옷 젖듯이' 한발씩 계속 물러나면 러시아의 핵미사일 전력까지 위협받을 수 있다고 생각한다. 러시아는 동유럽 MD를 '트로이의 목마'로 보고 있는 것이다.

이처럼 MD를 통한 '절대안보의 신화'에 빠진 미국과 '강대국으로서의 지위 회복'을 노리는 러시아 사이의 충돌이 우리에게도 시사하는 바가 대단히 크다. 두 강대국의 충돌은 유럽에 국한된 문제가 아니기 때문이다. 미국은 MD의 명시적, 잠재적 대상국인 북한, 중국, 러시아와 가장 가까이 있는 한국을 MD의 전략적 요충지로 삼고 있다. 패트리어트 최신형인 PAC-3를 가장 먼저 배치한 데 이어, 중장거리 미사일 요격용인 해상MD체제와 전역미사일고고도방어체제(THAAD) 배치도 서두

르고 있다. 또한 미국은 상대방 미사일을 이륙단계에 요격할 수 있는 항공기탑재레이저(ABL) 배치 필요성까지 들고 나왔다.

이러한 계획이 강행되면 한반도는 또 다시 '고래 싸움에 새우등 터지는 신세'에 처할 수도 있다. 중국과 러시아가 팔짱 끼고 보고만 있을 리 만무하기 때문이다. 러시아의 전략미사일사령부 사령관은 2007년 12월 신형 ICBM 시험발사에 성공한 직후 "미국이 동유럽 MD 기지 건설을 강행할 경우 이 시설들이 러시아 핵미사일의 공격 목표가 될 수 있다"고 경고했다. 또한 푸틴은 2008년 2월 12일 우크라이나 유센코 대통령과의 회담 자리에서 우크라이나가 북대서양조약기구(NATO)에 가입하고, 미국의 MD 체제를 설치할 경우 미사일을 겨냥할 수 있다고 직접 경고했다. 미국의 MD체제가 한국에 하나하나 들어오고, 이명박 정부 역시 MD 참여를 저울질하고 있는 오늘날 시사하는 바가 큰 발언들이 아닐 수 없다.

한국, MD에 참여해야 하나?

한국과 군사적으로 대치하고 있는 북한은 스커드 미사일을 비롯해 수백 기의 탄도미사일을 보유하고 있다. 또한 한국은 핵미사일 강대국인 중국과 러시아, 그리고 잠재적인 군사대국인 일본에 둘러싸여 있다. 반면 한국은 미국과 동맹을 맺고 있고 핵우산 아래에 있지만, 탄도미사일을 보유하고 있지 않다. 한미간의 미사일협약과 미사일기술통제체제(MTCR) 때문이다.

이러한 한국의 안보 환경과 조건은 어떠한 형태로든 탄도미사일 방어 능력을 확보하는 것이 필요하다는 인식을 낳고 있다. 한국이 독자적인 방어망을 구축하든, 미국 주도의 MD에 참여하든 탄도미사일 위협에 대처할 수 있어야 한다는 것이다.

그러나 표면적으로 '한국형 MD'를 앞세우면서도 내용적으로는 미국의 MD에 참여하는 것이든, 공식적으로 미국 주도의 MD에 참여하는 것이든, 탄도미사일 방어망 구축은 한국 안보의 바람직한 대비책이 될 수 없다. 규모에 따라 적게는 수조 원에서 많게는 수십조 원이 투입되는 MD는 이러한 막대한 비용에 비해 그 효과는 극히 미비하다. 또한 MD는 북한과의 군비경쟁과 군사적 긴장을 높여 '안보 딜레마'를 심화시키고 한반도의 전쟁 위기를 높이는 결과를 초래할 수 있다. 무엇보다도 중국과 러시아의 강력한 반발에 직면해 한반도가 또 다시 미·일·중·러 강대국 정치의 희생양이 될 수 있다. 한국이 북한과 주변국의 탄도미사일 위협론에서 벗어나 MD의 부정적인 파장에 대해 심사숙고해야 할 까닭이 바로 여기에 있다.

미국, '한국을 MD의 전초기지로'

한국은 MD의 명시적, 잠재적 대상국인 북한, 중국, 러시아와 가장 인접해 있는 미국의 동맹국이다. 또한 3만 명 안팎의 주한미군이 주둔하고 있는 곳이기도 하다. 이에 따라 미국은 한국을 MD의 전초기지로 삼아왔다. 미국은 2003년 초부터 미국 외부 지역으로는 처음으로 한국에 PAC-3 배치를 개시했는데, 이는 이라크 침공을 위해 걸프 지역에 배치한 것과 거의 동시에 이뤄졌다. PAC-3 배치는 주로 한국의 서남부에 집중되었다. 수원-평택의 오산공군기지-군산-광주에 각각 2개 포대씩 모두 8개 포대를 배치한 것이다. 이들 기지 가운데 오산 공군기지와 군산기지는 미 공군력의 핵심적인 전력투사 근거지이고, 수원과 광주³⁾ 비행장은 유사시 미국 공군력이 전개되는 지역이다. 아울러 주한미군은 2004년 말 패트리어트 포대를 지휘·통제하는 상급부대인 35방공포여단을 미국 텍사스 포트 블리스에서 오산으로 옮겼다.

미국은 해외 최초로 PAC-3를 한국에 배치하기 직전인 2003년 초에 최첨단 조기경보 레이더를 한국에 배치했다. 독일에도 함께 배치된 '합동 전술 지상기지(Joint Tactical Ground Station)'는 이동식 조기경보 레이더로, 첩보위성에서 보내온 정보를 신속하게 처리해 상대방의 미사일 발사 위치와 시점을 파악한 후 PAC-3와 전투사령부에 그 정보를 보내는 임무를 수행하는 이동식 시스템이다. 이 레이더가 위력적인 것은 정보처리시간을 최소한으로 단축하면서 미사일 요격시스템과 전투사령부 등에 신속히 정보를 보냄으로써, 상대방의 미사일 시설을 파괴하고 미사일 요격 시간을 확보하는 데 큰 기여를 할 수 있다는 점에 있다. '선제공격'과 '미사일 방어'를 동시에 수행하는 것을 골자로 한 미국의 MD전략의 핵심 시스템 가운데 하나인 것이다. 참고로 2008년 현재 미국은 이 레이더

기지를 한국, 독일, 카타르, 일본에 배치해놓고 있다.

그런데 미국의 한국 MD 배치 계획은 여기에서 끝나지 않는다. 2005년 3월 주한미군 사령관은 한국에 PAC-3 배치가 성공적으로 끝났다며, 앞으로 PAC-3보다 요격 범위가 길고 넓은 전역고고도방공체제(THAAD), 적의 미사일을 이륙단계에서 요격할 수 있는 항공기탑재레이저(ABL), 해상 MD인 이지스 탄도미사일방어체제(ABMD) 등을 배치해 다층(multi-layered) MD 체제를 구축할 계획이라고 밝힌 바 있다.4) 이러한 입장은 2008년 3월에도 거듭 확인되었다. 이에 따라 미국의 MD 시스템은 개발이 완료되는 대로 속속 한국에 배치될 전망이다. 이지스함을 이용한 ABMD는 이미 한국을 들락거리고 있고, 지상에 배치되는 THAAD는 2009년에 개발 완료될 예정이다. 또한 개량형 보잉747기에 레이저를 탑재해 적의 미사일을 초기단계에서 요격하는 ABL은 현재 개발 중에 있고, 2009년부터 본격적인 실험에 돌입할 예정이다.

이처럼 미국은 한국의 의사와 관계없이 상당수의 MD 시스템을 한국에 배치하고 있다. 동시에 미국은 한국의 MD 능력 강화와 협력도 요구하고 있는데, 주한미군 사령관은 "한국은 조속히 미국의 시스템과 완전히 통합될 수 있는 한국형 전역미사일방어(TMD) 시스템을 갖춰야 한다"고 강조했다.5) 한국이 '한국형미사일방어체제(KAMD)'를 추진하더라도 미국 MD 시스템과 통합되어야 한다는 의미이다.

2009년 1월에 등장할 미국의 차기 정권의 MD 정책도 주목

된다. 일단 공화당의 존 메케인 후보는 부시 행정부 못지 않게 MD에 대한 강한 열망을 갖고 있다. 이에 반해 배럭 오바마와 힐러리 클린턴 등 민주당의 대선 후보는 MD에 대해 명확한 입장을 드러내길 꺼려하고 있다. 이들은 부시 행정부의 탄도미사일방어(ABM) 조약 탈퇴 및 일방적인 MD 구축에 대해 비판적인 견해를 드러내면서도, MD 자체를 반대할 경우 '국가안보를 무시한다'는 비난에 직면할 것을 우려하고 있다. 또한 부시 행정부 8년을 포함한 지난 20여 년간 MD 시스템이 꾸준히 진화해와, 민주당이 집권해도 이를 완전히 무시할 순 없을 것이다.

이를 종합해보면, 한국에 대한 MD 참여 압력과 요구가 가장 클 수 있는 조합은 '북핵 미해결+메케인 당선'이고, 중간 수준의 조합은 '북핵 해결+메케인 당선, 혹은 북핵 미해결+민주당 집권'이며, 낮은 수준의 조합은 '북핵 해결+민주당 집권'이라고 할 수 있다.

이명박 정부, MD에 참여하나?

MD 참여의 위험성을 따져보기 이전에 '한미동맹 강화론'을 전면에 앞세운 이명박 정부의 선택을 주목할 필요가 있다. 김대중 정부와 노무현 정부는 '비용 대 효과'는 물론이고 남북관계 및 주변국 관계 악화를 종합적으로 고려해 MD에 대해 '전략적 모호성'을 유지했었다. 미국이 주한미군 기지에 PAC-3

등 MD 시스템을 배치하는 것을 수용하고 MD로 전환될 수 있는 무기체계를 도입하면서도 정치적으로는 'MD 참여' 의사를 밝히지 않았던 것이다. 정식 참여는 아니지만 하드웨어와 기술적 측면에서 볼 때, 이미 한발을 걸친 셈이다.

그러나 이명박 정부와 한나라당 안팎에 MD 참여를 선호하는 인사들이 많고, 미국 역시 한국의 새로운 정부에 공식적으로 MD에 참여해줄 것을 요청할 가능성이 높다는 점을 고려할 때, 한국이 유지해온 '전략적 모호성'이 지속될 수 있을지는 장담하기 어렵다. 일단 이명박 대통령직 인수위원회는 MD 참여는 "남북관계뿐 아니라 이해당사국 관계까지 신중하게 고려해야 하는 사안"이라며, "대규모 자원이 소모되기 때문에 충분히 고려해 추진해야 한다는 게 인수위 방침"이라고 신중한 입장을 밝힌 바 있다.

MD에 대한 이명박 정부의 선택과 관련해 우선 주목해야 할 것은 이른바 '실용주의'가 MD에 대한 정책결정에 미칠 영향이다. 정부가 내세우는 실용주의는 '한미동맹 강화=국익'이라는 프레임과 경제적 비용에 대한 판단이 강하다. 그런데 MD 참여는 한미동맹 강화를 안팎에 과시할 수 있는 핵심적인 사안이다. 특히 부시 행정부의 MD에 대한 열정은 식을 줄 모르고 있다. 부시 대통령이 러시아의 강력한 반발에도 불구하고 폴란드에 군사 지원을 약속하면서까지 MD 배치에 집착을 보이고 있는 것이나, 3월 11일 헤리티지재단 주최 연설에서 딕 체니 부통령이 부시 행정부의 MD를 찬양하면서 "미국의 다음 대통령도 이를 따라야 한다"고 말한 것은 임기 말에 몰린 부시 행정부의 MD에 대한 집착을 잘 보여준다. 이러한 맥락에서 볼 때, '업적 빈곤증'에 시달리고 있는 부시 행정부에게 한국의 MD 공식 참여는 크나큰 선물이 될 수 있다.

또한 이명박 정부는 이미 한국이 이지스함과 패트리어트를 도입하고 있다는 점에서 MD 참여에 따른 경제적 비용이 그리 크지 않을 것이라는 판단을 내릴 수도 있다. 우선 한국이 미국으로부터 도입하고 있는 이지스전투체계는 탄도미사일을 탐지·추적할 수 있고, 요격미사일 유도 기능을 갖고 있다. 하드웨어상으로는 SM-3나 SM-6, 그리고 미국이 2009년 개발 완료를 목표로 하고 있는 SM-2Block4를 장착하는 것에 큰 문제가 없다. 또한 독일로부터 수입하기로 한 '중고' 패트리어트 PAC-2 시스템에도 발사대 일부 소프트웨어를 변경하고 부품을 교체하면 MD용인 PAC-3 미사일을 장착할 수 있다. 이처럼 이미 하드웨어의 상당 부분을 갖추고 있거나 그럴 예정이기 때문에, 이들 시스템을 MD용으로 전환할 경우 추가적인 비용이 그리 크지 않을 수 있다고 판단할 수 있다는 것이다.

MD에 대한 이명박 정부의 선택은 크게 세 가지 차원에서 전망해볼 수 있다. 첫째는 공식적으로 미국 주도의 MD에 참여하는 것이다. 이럴 경우 부시 행정부에게 큰 선물을 줌으로써 한미동맹의 강화를 과시할 수 있지만, 막대한 비용과 국내의 반발, 그리고 북한, 중국, 러시아와의 관계 악화를 감수해야 한다. 둘째는 김대중-노무현 정부 때처럼 '전략적 모호성'을 당분

간 유지하면서 미국의 차기 정부와의 논의를 선택하는 것이다. 셋째는 공식적으로는 MD 참여를 선언하지 않으면서 내용적으로는 그렇게 하는 것이다. 이는 추가적인 미국의 MD 시스템 한국 내 배치를 수용하는 한편, 한국이 PAC-3 미사일 및 탄도미사일 요격이 가능한 SM 계열의 미사일을 도입하면서 이를 '한국형미사일방어체제(KAMD)'라고 설명하고 내용적으로는 미국의 MD체제와 결합하는 것을 의미한다. 이럴 경우 국내외의 반발을 일정 부분 무마하면서도 미국에게는 MD 협력이라는 실질적인 선물을 줄 수 있다고 판단할 수 있다.

'모호성'은 사라질 것인가?

앞서 언급한 것처럼, 김대중-노무현 정부는 MD에 대해 전략적 모호성을 지켜왔다. 부정적인 여파를 고려하면서도 한미동맹과 한국군의 요구를 고려한 일종의 고육지책이었던 셈이다. 그렇다면 이명박 정부 시대에는 어떻게 될까? 관심의 초점은 '모호성'이 사라질 것인가의 여부이다. 일단 MD 참여를 공식 선언하면 모호성은 완전히 사라진다. 이를 배제할 경우, 모호성의 수준은 이명박 정부의 구체적인 분야에 대한 선택에 따라 달라진다. 크게 세 가지로 나눠볼 수 있다.

첫째는 모호성이 유지되는 것이다. 이를 위해서는 PAC-3와 SM-3 등 현존하는 미국의 MD 시스템을 도입하지 않고, 현재 주한미군 기지에 배치된 PAC-3를 제외한 추가적인 미국의 한국 내 MD 시스템 배치를 불허하는 것이다. 전자의 문제는 정부의 정책에 달려 있지만, 후자의 문제는 복잡하다. 한미상호방위조약에 "미국의 육·해·공군을 대한민국의 영토내와 그 주변에 배치하는 권리를 한국은 허여許與하고 미국은 수락한다"고 되어 있어, 미국이 무기체계를 배치하는 데 한국과 사전에 협의해야 할 의무가 없기 때문이다.

둘째는 모호성에 대한 해석이 충돌하는 경우이다. 이는 크게 두 가지 경우가 있다. 하나는 한국이 PAC-3와 SM-3 등 미국의 MD 시스템을 구입하지 않더라도, 미국이 THAAD, ABL, ABMD, 레이더 등 추가적인 MD 시스템을 한국에 배치하는 경우에 발생한다. 이럴 경우 정부는 '주한미군이 하는 것이지 한국군이 하는 것이 아니기 때문에 MD 참여가 아니다'라고 해명하겠지만, 미국의 MD 시스템이 대거 배치되는 것 자체가 MD 참여로 해석될 수 있다. 논란이 되고 있는 폴란드와 체코의 MD 참여는 이들 나라가 MD 시스템을 구입하는 것이 아니라, 미국의 시스템 배치를 허용하는 것이다. 다른 하나는 정부가 PAC-3와 SM-2Block4(이지스함에 탑재되는 최종단계 요격미사일) 등 일부 MD 시스템을 수입하면서 이를 미국의 MD 참여와 무관한 '한국형 MD'로 주장하는 경우이다. 그러나 현실적으로 동맹관계에 있는 한미 양국이 한국 내에서 '따로' MD를 한다는 것이 설득력이 떨어지고, 구조적으로 미국 주도의 MD에 편입되는 결과를 초래할 가능성이 높다는 점에서 모호성의 수준은 크게 떨어진다.

셋째는 모호성이 사실상 사라지는 경우이다. 공식적으로는 MD 참여를 선언하지 않으면서도, MD 무기체계 도입, 미국의 추가적인 MD 배치 인정, 한미(혹은 한미일) 합동군사훈련에 MD 작전 포함, 관련 정보 교환 및 통합, 일부 MD 시스템 공동 개발연구 등 내용적으로는 미국과의 MD 협력을 크게 강화하는 경우에 해당된다. 특히 한국이 중간단계 요격 미사일인 SM-3를 도입할 경우, 모호성을 지키는 것은 불가능해진다. 이와 관련해 합동참모본부의 이성출 전략기획본부장(육군 중장)의 발언을 주목할 필요가 있다. 그는 일단 재정상의 한계, 기술수준, 북한과의 지리적 근접성, 국민정서 등을 고려해 MD 참여에 신중한 태도를 가질 수밖에 없다고 강조했다. 그러나 합참은 MD 참여의 구체적인 방안으로 △한국이 요격 미사일 발사 장소를 미군에 제공하는 방안 △미국이 개발중인 MD 프로그램에 참여하는 방안 △미국의 MD 시스템을 한국에 배치하는 비용을 분담하는 방안 △미국의 MD 네트워크와 상호 운용될 수 있는 미국의 MD 시스템을 구입하는 방안 등이 포함돼 있다고 밝혔다.[6]

비용은 얼마나 드는가?

미국에서 군산복합체에게는 '황금알을 낳은 거위'로, 납세자에게는 '돈 먹는 하마'로 불릴 정도로 MD에는 엄청난 예산이 소요된다. 그렇다면 한국의 MD 참여시 그 재정적 비용은 얼마나 될까? 물론 예산은 사업 규모에 따라 달라진다. 한국이 독일로부터 구매하기로 한 PAC-2를 PAC-3로 업그레이드할 경우에 드는 추가적인 비용은 2조 원 정도이고, 3척의 이지스함에 SM-3를 장착하는 비용도 2조 원 정도로 추산된다.[7] 여기에 무기체계의 수명을 20년 정도로 잡을 경우 운영유지비는 구매가의 3배 정도에 달한다는 점을 포함하면, 전체 사업 비용은 PAC-2와 이지스함을 포함하면 30-40조 원에, PAC-2와 이지스함 사업비를 제외하더라도 20조 원 정도는 소요된다. 이지스함에 SM-3가 아닌 2009년 이후에 개발 완료될 예정인 SM-2Block4나 SM-6를 장착해도 사업비는 크게 줄어들지 않는다. 이러한 추정치는 요격체제에 한정한 것으로 MD에 핵심적인 요소인 레이더와 위성과 같은 센서(sensors)와 미국의 지휘통제전투관리통신(C2BMC)와 같은 MD작전본부 등을 포함시키면, 예산 규모는 훨씬 커진다.

또한 국방부는 한국형 MD 사업의 일환으로 2011년까지 약 5000억 원을 투입해 중거리지대공 유도미사일(M-SAM, 일명 철매Ⅱ) 사업을 진행하고 있고, 2015년을 전후해 PAC-3와 이지스함의 추가 도입도 추진하고 있다. 이럴 경우 한국의 MD 관련 비용은 눈덩이처럼 불어나게 될 것이다.

MD, 믿을 만한 방패인가?

한국이 도입을 고려하고 있는 MD 요격미사일은 지대공 미사일인 PAC-2, PAC-3와 이지스함에 장착되는 SM-3 및 SM-6가 있다. 또한 아직 개발되지 않았지만, 최종단계 요격미사일인 SM-2Block4도 고려 대상이 될 수 있다. 도입 규모에 따라 달라지지만, 최소 규모로도 이들 미사일을 구매해 운용하는 데 20조 원 정도 들어간다. 그러나 그 효과는 극히 미지수이다.

일반적으로 패트리어트가 마치 1990~1991년 1차 걸프전과 2003년 미국의 이라크 침략 전쟁에서 그 성능이 입증된 것처럼 알려져 있다. 그리고 이는 북한의 스커드 미사일로부터 한국을 보호할 수 있는 믿을 수 있는 방패인 것처럼 인식하게 만들고 있다. 그러나 이는 진실과 거리가 멀다. 결론부터 말하자면, 1차 걸프전 당시 PAC-2의 스커드 미사일 요격률은 제로에 가깝다. 2003년 미영연합군의 이라크 침공 당시 요격할 스커드는 없었기 때문이다. 오히려 미국과 영국 전투기 1기씩을 격추해 '아군 잡는 미사일'이라는 조롱에 시달려야 했다.

1차 걸프전 당시 PAC-2가 대부분의 스커드를 요격한 것처럼 착각하게 만든 요인은 두 가지였다. 하나는 요격률이 55%에 달한다는 미국 국방부의 '허위 발표'였고, 다른 하나는 당시 요격미사일로 사용된 PAC-2가 근접폭발 방식을 채택하고 있어 '착시' 현상을 일으켰기 때문이다. PAC-2는 목표물에 접근하면 자동 폭발해 그 파편으로 목표물을 파괴하는 방식을 채택하고 있는데, 이것이 CNN 방송을 본 사람들에게 요격에 성공한 것처럼 보이게 만든 것이다. 그러나 대부분의 스커드는 폭발한 패트리어트 미사일의 섬광을 뚫고 지상으로 떨어졌다. 당시 미국 국방부의 발표 결과에 대해 석연치 않은 문제점들이 제기되자 미국 의회는 조사위원회를 꾸렸고, 이 위원회는 패트리어트의 실제 요격률이 10% 미만이라는 결론을 내렸다. 이에 대해 MIT 공대의 포스톨 교수는 자체적인 분석 결과 PAC-2는 단 한 발의 스커드도 요격하지 못했다고 결론지었다.

패트리어트의 초라한 성적표는 2003년 3월 미영연합군의 이라크 침공 때도 거듭 확인되었다. 스커드 미사일의 경우 이라크가 유엔무기사찰단의 감시하에 전량 폐기했기 때문에, 2003년 침공 당시에는 요격할 스커드 미사일이 없었다. 이에 따라 미국 국방부는 PAC-2와 PAC-3로 구성된 패트리어트 미사일이 이라크 미사일 9기를 요격시켰다고 발표했지만, 이는 스커드가 아니라 알-사무드와 아바빌-100 등 스커드보다 느리고 사거리가 짧아 요격하기가 훨씬 쉬운 미사일들인 것으로 밝혀졌다.

특히 패트리어트가 심각한 결함을 갖고 있다는 것을 단적으로 보여준 것은 2003년 3월 이라크 침공 때 미군과 영국군 항공기 1대씩을 격추시켰고, 1대는 격추 직전까지 갔다는 점이다. 1대가 격추를 피할 수 있었던 것도 패트리어트 시스템이 오류를 수정했기 때문이 아니라, 이 시스템을 만든 레이시온사의 기술자가 황급히 "발사하지 마라"며 작전병을 말렸기 때문이다. 당시 미국 언론들은 "레이더가 잘못된 목표물을 지정해 패트리어트 작전병을 혼란스럽게 만든 것이 사고의 원인일 가능성이 높다"고 보도했다. 즉, 레이더가 자국군 항공기를 적의 미사일로 오인한 것이 사고의 중요 원인이라는 것이다.

이와 관련해 미국 육군 보고서조차도 "전장에 배치된 패트리어트 시스템은 표적 식별에 실패하기도 하고, 적이 미사일을 발사하지도 않았는데 미사일을 식별해 스크린에 보여주기도 한다"며 치명적인 결함을 인정했다. 이 뿐만이 아니다. 미 영연합군의 이라크 침공 5일 후인 3월 25일에는 미국의 F-16 전투기가 패트리어트 부대를 공격하는 사태까지 벌어졌다. 당시 이 조종사는 자신의 전투기가 적의 방공망 레이더에 포착되었다는 신호를 받고 자위 차원에서 미사일을 발사했는데, 나중에 알고 보니 미국의 패트리어트 부대였다는 것이다.

이처럼 패트리어트가 많은 문제점을 드러내자, 미국 미사일 방어국(MDA) 소장은 2005년 4월 9일 미 의회 청문회에서 "나는 패트리어트 시스템 자체와 시스템 적용 둘 모두에 결함이 있다고 믿는다"고 고백하기도 했다. 또한 국방부 차관을 지낸 필립 코엘을 비롯한 미국의 전현직 국방관계자들은 패트리어트 미사일이 있지도 않은 미사일을 겨냥하거나, 아군 전투기를 조준하는 일이 다반사라고 지적하고 있다.

패트리어트는 완전 자동화된 시스템이다. 레이더가 물체를 추적하면 컴퓨터가 물체를 식별해 기호로 스크린에 표시한다. 작전병은 불과 몇 초 만에 요격 여부를 결정해야 하는데, 이 과정에서 시스템의 오작동이나 작전병의 오인 가능성은 얼마든지 존재한다는 것이다. 이와 같은 패트리어트 레이더의 오작동과 작전병의 오인은 항공기와 미사일이 집중된 전장에서 나타나기 쉽다. 이는 걸프 지역보다 훨씬 군사력이 밀집된 한반도에서 패트리어트 시스템의 오작동 가능성이 훨씬 높을 것이라는 점을 말해주기도 한다.

1차 걸프전 당시 패트리어트의 초라한 성적표가 공개되자, 미국 국방부는 패트리어트의 성능 개량에 박차를 가했다. 그러나 최근 패트리어트의 시험 평가 결과를 보면 결코 요격률이 높다고 볼 수 없다. 미국의 방위정보센터(CDI)가 펜타곤의 PAC-2 시험 결과 평가보고서를 분석한 것에 따르면, 2000년부터 2005년까지 시험에서 PAC-2의 항공기 요격률은 4/6였고, 미사일 요격률은 1/3으로 나타났다. 또한 요격률을 높이기 위해 근접 폭발 방식이 아닌 '맞춰서 요격하기(hit-to-kill)' 방식을 채택한 PAC-3는 모두 13차례의 탄도미사일 요격 실험에서 6차례만 성공했다. 공차는 방향을 알려주고 페널티킥을 하는데도 방어율이 이 정도라면, 미사일이 언제 어느 방향으로 날아올지 알 수 없는 실전에서의 요격률은 훨씬 떨어질 수밖에 없다.

또한 패트리어트는 기본적으로 최종단계에서 탄도미사일을 요격하는 시스템으로 요격 범위가 2~4km 정도로 대단히 좁다. 쉽게 말해 청와대를 방어하기 위해서는 청와대 경내나 바로 인근에 패트리어트를 배치해야 한다. 이에 따라 패트리어트로 서울을 포함한 수도권 전체를 방어한다는 것은 어불성설에 가깝다. 1개 패트리어트 발사대에 장착되는 PAC-2는 4기, PAC-3는 16기인데, 수도권 전체를 방어하기 위해서는 수천기의 미사일이 필요하기 때문이다. 이는 국가 예산 전부를 투입해도 모자란다.

이지스함에 장착이 고려되고 있는 SM-3와 SM-6 역시 한국 방어에 적합하지 않다. SM-3는 적의 탄도미사일이 대기권 안팎에 도달한 중간단계에서 요격하는 미사일이다. 이에 따라 요격 대상 미사일이 한국을 공격하려는 것인지, 일본이나 미국을 공격하려는 것인지 식별하는 것이 불가능해진다. 또한 수도권에 떨어지는 북한의 탄도미사일을 요격하기 위해서는 이지스함을 동해나 서해에 배치해야 하는데, 이럴 경우 측면에서 요격을 해야 하기 때문에 성공률은 더욱 떨어질 수밖에 없다. 미국 국방부가 작성한 1999년 작성한 '동아시아 TMD 구축 계획서'에서 "한국의 경우 해상미사일요격체제로는 해안 시설을 보호하는 데 기여할 수 있으나, 내륙의 시설이나 인구 밀집 지역을 방어하는 데에는 도달하지 못한다"고 나와 있다.

SM-6는 기본적으로 항공기 및 크루즈 미사일 요격 능력을 향상시키기 위해 고안된 것이기 때문에, 탄도미사일 요격 능력을 갖추게 될 것인지는 극히 불확실하다. 사거리가 길고 자체적으로 유도장치를 내장하고 있어 '초기단계' 요격은 가능할 수 있지만, 이는 수많은 기술적, 외교적, 군사적 문제를 안고 있다. 반면에 SM-6가 적의 탄도미사일을 비행 중간단계나 최종단계에서 요격하는 것은 이 미사일이 MD의 핵심 원리인 '맞춰서 요격하기(hit-to-kill)'를 채택하고 있지 않아, 근본적인 한계를 지니고 있다.

MD와 한반도 전쟁 위기

북한이 수백 기의 탄도미사일을 보유하고 있고, 핵실험까지 단행했으며, 핵문제의 평화적 해결 여부가 불확실하다는 점에서 '방어용' 무기인 MD를 하루빨리 구비해야 한다는 지적이 많다. 그러나 안보는 상대가 있는 게임이다. 한국이 아무리 MD가 미국과 무관한 '방어용'이라고 해도, 상대방이 그렇게 받아들이지 않을 가능성은 얼마든지 있다. 더 이상의 설명이 필요하지 않을 정도로 한미동맹의 군사력은 북한을 압도하고 있다. 그런데 한미동맹이 북한의 핵심적인 억제력인 미사일을 무력화시키겠다고 '방패'까지 갖는다면, 북한에게 MD는 그 어떠한 공격용 무기보다 위협적이 된다. 북한이 MD를 선제공격용이라고 보는 이유도 바로 여기에 있다.

MD의 위험성은 그 자체만 봐서는 잘 보이지 않는다. 군사전략 전체의 관점에서 바라봐야 한다는 것이다. 1994년 전쟁위기 당시 미국이 북폭을 검토하면서 가장 먼저 취한 조치 가운데 하나가 패트리어트 미사일을 한국에 배치한 것이었다. 1차 걸프전 때도 마찬가지였다. 1994년 북한이 이에 강력히 반발하면서 '서울 불바다' 발언이 나오고 핵 벼랑끝 외교로 치달았던 중요한 배경 가운데 하나였다.

MD 구축에 사활을 걸었던 부시 행정부 '독트린'의 요체는 미국이 필요하다고 판단할 경우 적성국가와 테러집단에 선제공격을 가할 수 있다는 것이었다. 그리고 부시 행정부가 북한의 위협을 MD 구축의 최대 명분으로 내세웠을 때, 북한도 선제공격 대상에 포함되어 있었다. 북한이 미국의 '적대시정책'을 문제 삼으면서 핵과 미사일 능력 강화에 박차를 가했던 중대한 요인이다. 다행히 2005년 9.19 공동성명, 2007년 2.13 합의 및 10.3 합의 등 6자회담의 성과가 나타나면서 전쟁 위기는 크게 줄었지만, 북핵 문제가 평화적으로 해결되지 않는한 한반도 전쟁 위기는 유령처럼 한반도 상공 위를 배회하게될 것이다.

이미 미국은 용산기지와 경기 북부에 주둔하고 있는 2사단을 평택권으로 후방배치하기로 했다. 북한의 장사정포 사정거리 밖으로 물러나는 것이다. 또한 후방배치 완료 이전에 전쟁이 발발하면 신속히 후방으로 이동하고 인명 피해가 대거 발생하는 지상작전은 한국군에게 넘기기로 한 상황이다. 그리고수원-평택권-군산 등에 있는 미군기지에 PAC-3 배치를 완료했고, 유사시 이지스탄도미사일방어체제(ABMD)도 배치해 주한미군 보호에 나선다는 방침이다. 반면, 공군력과 해군력, 정보력을 대폭 강화해 북한에 대한 정밀 타격 능력을 대폭 강화하고 있다. 미군 피해는 최소화하는 반면에 북한에 대한 공격 능력을 강화하는 방향으로 주한미군 전력이 바뀌고 있는 것이다.

이러한 상황을 종합해볼 때, 북핵 문제의 '미해결'은 MD 구비를 가속화해야 할 근거가 아니라 오히려 더욱 신중해져야할 이유라고 할 수 있다. 얼핏 탄도미사일을 다량 보유한 북한이 핵무기까지 갖게 되었음으로 MD의 필요성이 커졌다고 볼 수 있다. 그러나 북한의 핵개발은 군사적으로는 억제용이고, 외교적으로는 협상용의 성격이 강하다. 북한이 한국을 공격하기 위해 핵무기를 개발했다고 보기 어렵다는 것이다. 이는 필자의 판단에 국한되지 않는다. 미국의 정보기관 수장인 존 맥코넬은 2008년 2월 미 상원 청문회에서 "북한은 핵무기와 탄도미사일을 전투수행보다는 억제와 강압외교의 목적으로 간주하고 있다"고 말하면서, "북한이 정권의 붕괴를 가져올 수 있는 군사적 패배에 직면하거나 급변사태가 발생하지 않으면 핵무기를 사용하지 않을 것으로 본다"고 말했다.

이는 한반도에서 전면전이 발발하지 않거나 북한 지도부가 군부에 대한 통제력을 완전히 상실하는 급변사태가 발생하지 않는 한, 북한이 탄도미사일을 한국을 향해 발사할 가능성이 거의 없다는 것을 의미한다. 한국의 목표는 이러한 상황에 '대비'하는 것이 아니라 '예방'하는 데 있다. 대비에 무게중심을 두면 MD의 필요성이 생긴다. 그런데 한반도에서의 전면전에 의한 막대한 인적, 물적 피해는 MD로 막을 수 없다. 이미 군사력이 '상호확증파괴' 수준에 도달한 한반도에서의 전쟁은 '정치의 연장'이 아니라 사실상 '민족공동체의 공멸'을 의미하기 때문이다. 어떤 수를 써서라도 이러한 상황을 예방해야 할 까닭이 바로 여기에 있다.

그런데 한미동맹의 MD 구축 가속화는 이러한 상황을 예방하는 데 아무런 도움이 되지 않고 오히려 역효과만 가져오게 된다. MD 구축 가속화는 남북관계의 후퇴와 군비경쟁, 그리고 군사적 긴장을 고조시키게 될 것이기 때문이다. MD를 대북 적대정책의 상징이자 선제공격의 수순으로 간주해온 북한은 더욱더 핵과 미사일 개발에 매달리게 될 것이고, 이렇게 되면 한미동맹은 MD를 포함한 군비증강과 군사적 준비태세의 강화로 맞서게 되는 '악순환'이 반복되기 때문이다.

일부에서는 레이건의 전략방위구상(SDI)이 소련과의 군비경쟁을 야기해 소련의 몰락을 촉진한 것과 마찬가지로, MD를 통한 북한과의 군비경쟁으로 북한이 붕괴되면 통일을 할 수 있다는 기대감을 나타내기도 한다. 그러나 태평양을 사이에 두고 있었던 미소관계와 휴전선을 맞대고 있는 남북관계는 근본적으로 다르다. 소련의 붕괴가 미국의 사활적인 이해를 침해하지 않지만, 북한의 붕괴는 남북한 전체에게 감당하기 힘든 대혼란과 피해를 야기할 수밖에 없다는 것이다. 여기에는 미국과 중국의 개입을 포함한 전면전의 가능성도 내포되어 있다.

MD와 강대국 정치의 희생양

앞서 언급한 것처럼, 중국과 러시아는 미국 주도의 MD 체제에 상당한 거부감을 갖고 있다. 이들 국가는 외교적으로 MD 반대를 명확히 하면서도, MD를 무력화시킬 수 있는 무기체계 개발·배치에 박차를 가하고 있다. 이는 한국이 MD에 참여하면, 중국과 러시아의 우호협력관계 구축은 물 건너가고 동북아 군비경쟁에 휘말려 안보에도 엄청난 문제가 발생할 수 있다는 것을 예고한다. 중국과 러시아의 '미래의 불확실한 위협'에 대비한다는 명분으로 MD에 참여하게 되면, 불확실한 위협을 확실한 위협으로 만들게 되는 극히 어리석은 우를 범하게 된다는 것이다.

한국의 MD 참여는 한국이 미국의 세계전략, 특히 동북아 전략에 더욱 깊숙이 편입된다는 것을 의미한다. 그런데 미국의 동북아 전략의 핵심에는 압도적인 군사력의 우위를 달성하고 한-미-일 삼각동맹체제를 강화해, 중국을 견제·봉쇄하고 필요시 군사력 투입을 원활하게 한다는 데 있다. 부시 행정부가 임기 동안 한미동맹과 미일동맹 재편에 박차를 가하고 미국 안팎의 반발에도 불구하고 MD를 강행한 이유도 이러한 맥락에서 이해할 수 있다.

특히 미국은 중국과 인접한 한국의 서남부에 군사력을 집중시키고 있다. 용산 기지와 2사단을 평택권으로 후방 재배치하는 한편, 오산 공군기지와 군산 공군기지에 공군력도 배가하고 있다. 그리고 수원-오산공군기지-군산에 PAC-3를 배치해 '서부 MD 벨트'를 만들고 있다. 또한 THAAD, ABL 등 PAC-3보다 요격 범위가 넓은 MD 시스템도 개발이 완료되면 한국에 배치한다는 계획이다. 이와 같은 일련의 군사력 재배치는 한국 방어의 주도적인 역할은 한국군에게 넘기고 주한미군은 중국을 견제하는 데 주력하겠다는 의미를 내포하고 있다. 전략적 유연성 개념도 이러한 맥락에서 나온 것이다.

이러한 상황에서 한국이 MD에 참여해 한미동맹, 혹은 한-

마-일 삼각협력체제의 MD가 본격화될 경우, 중국은 물론이고 러시아도 강력히 대응하고 나올 가능성이 높다. 대응 양태는 외교적 비난, 북-중-러 대응 동맹체제 구축, 핵미사일 전력 증강, 합동군사훈련 실시 등 군사적 준비태세 강화, 주한미군 기지를 비롯한 한국의 MD 기지에 미사일 겨냥 등 다양하게 나타날 수 있다. 이러한 상황이 전개되면, 한국은 안보적·경제적 위기에 봉착하고 한반도 평화체제 구축과 통일 실현이 더욱 요원해짐으로써 막대한 유무형의 피해에 직면하게 된다. 특히 동북아 군비경쟁뿐만 아니라 강대국 간의 무력 충돌에도 휘말릴 위험성이 커지게 됨으로써 한반도가 또 다시 강대국 정치의 희생양이 될 수도 있다.

일부에서는 한국이 MD에 참여하더라도 중국과 러시아를 겨냥한 것이 아니기 때문에, 이러한 우려는 기우에 불과하다고 반박한다. 그러나 한국이 중국과 러시아에 적대적인 의사가 없더라도, 동맹 관계에 있는 미국이 중국과 러시아와 적대 관계에 빠질 경우 한국도 그 파장으로부터 결코 자유로울 수 없다. 주한미군의 전략적 유연성과 함께 한미동맹 차원에서 MD 구축이 가속화되는 순간, 한국의 의지와 관계없이 동북아 강대국 정치에 휘말리게 된다는 것이다.

대안은 무엇인가?

그렇다면 MD의 대안은 무엇일까? 우선 북한, 중국, 러시아가 수백, 수천 기의 탄도미사일을 갖고 있다고 해서 이것을 바로 '위협'이라고 간주할 필요는 없다. 한국이 미국을 위협으로 간주하지 않는 이유는 미국의 군사력이 약해서가 아니라 동맹 관계에 있기 때문이다. 한국이 북한, 중국, 러시아와 동맹을 맺는다는 것은 상상하기 어렵지만, 적어도 우호협력관계를 꾸준히 구축해나가면 이들 국가의 위협은 크게 줄어들게 된다. 따라서 MD의 1차적인 대안은 북한, 중국, 러시아와의 관계를 개선해 잠재적 위협을 제거해 나가는 데 있다.

MD에 대한 보다 적극적인 대안은 동북아 평화체제 구축과 군축에 있다. 외부의 위협을 상정하고 이에 대한 공동의 군사적 대처를 골자로 하는 MD를 비롯한 군사동맹은 나와 타자의 안보를 제로섬으로 바라본다는 점에서 일방적 성격이 강하고, 군사력을 통한 억제를 추구한다는 점에서 '힘의 논리'에 기반을 두고 있다. 이에 반해 다자간 평화체제는 분쟁을 사전에 예방하기 위한 예방외교, 기존의 갈등이 분쟁으로 확대되는 것을 막기 위한 위기관리, 군사적 투명성을 제고하고 낮은 수준의 군사력 균형을 달성하기 위한 군비통제 등 협력적 안보에 기초한다. 강대국으로 둘러싸여 있고 분단되어 있는 한반도에게 가장 바람직한 동북아 질서가 아닐 수 없는 것이다. 이러한 안보 환경이 조성되면, 어떤 나라가 한국을 미사일로 공격한다는 것은 더욱 상상하기 어려워진다. 당연히 막대한 비용과 안보 역효과를 내는 MD는 더욱더 필요 없게 된다.

물론 이러한 대안들이 보장된 것이라고 단언할 수는 없다.

타자와의 관계 개선은 서로의 이해관계가 맞아떨어지고 신뢰가 구축될 때 비로소 가능해지는데 이것이 항상 순탄하게 되는 것만은 아니다. 또한 '국제사회에는 영원한 적도 영원한 우방도 없다'는 말이 있듯이, 좋은 관계가 나빠질 수도 있다. 동북아 평화체제와 군축도 주변국의 호응이 없으면 불가능해진다. 이에 따라 군사적 긴장 고조와 충돌 등 '미래의 불확실한 위협'에 대비해 MD를 비롯한 군사력 증강에 나서야 한다는 주장은 일견 설득력이 있어 보일 수 있다.

그런데 한국이 MD에 참여하면, 한국이 원하지 않는 미래가 현실이 될 수 있다. 대북·대중·대러 관계 개선은 더욱 어려워지고 상호간의 불신을 자극해 '불확실한 위협'을 '확실한 위협'으로 만들게 된다. MD를 통한 만일의 사태에 대한 대비책과 대북·대중·대러 관계 개선은 근본적으로 양립할 수 없기 때문이다. 이렇게 되면, 동북아 평화체제와 군축은 더욱더 어려워진다.

결국 MD에 대한 선택은 '북한과 주변국이 미사일을 갖고 있으니 방패가 필요하다'는 1차원적 인식을 넘어설 때 합리적으로 내려질 수 있다. 수십조 원대의 엄청난 비용, MD가 갖고 있는 근본적인 성능상의 한계와 한반도의 전장 환경, 북한과 주변국 관계에 미치는 영향을 종합적으로 고려해서 판단해야 한다는 것이다.

음모의 배후, 군산복합체

영향력 행사

"거대한 군사집단과 대규모 무기산업이 결탁해 행사하는
영향력은 미국의 새로운 경험이다. 이들은 경제와 정치는
물론 심지어 우리의 영혼에도 심대한 영향력을 행사하고 있
다. 우리는 정부 각 위원회에서 이들이 부당한 영향력을 행
사하는 것을 막아야 한다."

아이젠하워 전 미국 대통령이 1961년 1월 대통령직을 떠나
면서 행한 이 연설은, 군산복합체의 영향력에 경계심을 갖고
있는 사람들이 오늘날까지 가장 즐겨 인용하는 부분이다. 그

러나 아이젠하워는 재임 시에 제2차 세계대전 직후 군사비의 3배에 달하는 4200-4900억 달러를 군사비로 썼고, 대량 핵보복 독트린을 고수함으로써 핵전쟁의 위기를 고조시켰으며, 이란이나 과테말라의 쿠데타를 도와 페르시아 만과 중앙아메리카의 불안을 부추기기도 했다. 어쨌든 아이젠하워는 그가 '한 일'보다 그가 '한 말, 즉 군산복합체의 거대한 힘에 대한 경고 메시지를 후대에 전달한 것으로 더 유명해졌다. 아이젠하워가 40여 년 전에 경고한 메시지는 당시에는 '새로운' 것이었을지 모르지만, 이제 많은 사람들은 습관적으로 전쟁이 일어나거나 긴장이 고조되면 그 배후에 군산복합체를 주목한다. 그리고 부시 행정부가 '새로운' 전쟁이라고 일컫는 '테러와의 전쟁'과 이라크 전쟁, 그리고 역대 단일 사업으로는 최대 규모를 자랑하는 MD 등을 통해 탈냉전 이후 고전을 면치 못했던 군산복합체들은 '돈방석'에 앉게 되었다.

돈방석

부시 행정부가 9.11 테러에 대한 보복으로 이라크 침공을 단행하고, '대량살상무기 개발'과 '알-카에다와의 연계'를 주장하면서 이라크 침공을 강행하는 등, 광범위하고 지속적인 테러와의 전쟁을 벌이면서 진정한 승자로 남을 세력은 군산복합체이다. 일단 군산복합체의 두 축이라고 할 수 있는 '펜타곤'과 '군수산업체'는 9.11 테러가 발생하자마자 돈방석에 앉았다. 펜타곤은 부시가 공언한 '테러와의 전쟁'을 수행하기 위한 첫 단계를 위해 400억 달러의 긴급 예산지출안 가운데 200억 달러라는 가장 큰 몫을 요구했고, 이를 관철시킨 바 있다. 그리고 미 의회는 펜타곤이 2001년 초에 요구한 184억 달러의 예산 증액을 승인했을 뿐만 아니라, 250억 달러를 추가시켜 2002년 미국의 군사비는 2001년보다 434억 달러가 늘어난 3430억 달러로 폭등했다. 그리고 이후 2008년까지 매년 400억 달러 안팎으로 군사비가 늘어나, 부시 대통령이 백악관을 나서는 2009년에는 6000억 달러를 넘어설 것으로 전망된다.

9.11 테러 이후 펜타곤이 예산 증액과 비상시국의 주도권 장악으로 득을 보고 있다면, 군수산업체들은 주가 폭등과 미국의 무기 소비 및 무기 수출 증대로 막대한 이득을 보고 있다. 미국의 군수산업체들이 9.11 테러와 보복 전쟁으로 얼마나 많은 이익을 얻고 있는지는 주가를 살펴보면 쉽게 알 수 있다. 미국의 다우존스가 9.11 테러 발생 이후 일주일 동안 14.3%가 폭락한 반면에, 아머홀딩스, 노스롭그루만, 레이디온, 록히드마틴 등 미국의 주요 군수산업체들은 주가 폭등과 무기 및 무기 관련 장비 판매고의 급증으로 '대참사 속의 호황'을 누렸다.

방탄조끼와 군용자켓 그리고 장갑차 생산 전문업체인 아머홀딩스사(Armor Holdings)의 주식값이 40% 폭등한 것을 비롯해, B-2 스텔스 전폭기, 전투함, 정찰 장비 등을 생산하고 8만 명의 피고용자와 150억 달러의 자산 규모를 자랑하는 노스롭그루만사(Northrop Grumman)의 주식은 21.2%가 올랐다. 회사명이 '신들로부터 온 빛'을 의미하는 레이디온사(Raytheon)는 37%의 주가 폭등과 아프가니스탄 전쟁 초기, 토마호크 미사일의 대량 사용으로 10억 달러 이상을 벌었다. 위성, 항공, 잠수함 통신 전문업체인 L-3커뮤니케이션홀딩사(L-3 Communications Holdings)는 35.8%, 국방부에 무기 공급으로 수입의 70%를 의존하는 EDO사는 24.8%, 화약 및 스마트 폭탄 생산업체인 ATK사는 23.5% 주가가 올랐다. 매향리 폭격장 관리와 이지스 전투체계 등으로 우리에게도 잘 알려진 록히드마틴사의 주식도 28% 상승했다. 그러나 군수산업체의 '반짝 호황'은 여기서 끝나지 않았다. 부시 행정부가 이라크 침공을 강행하고 9.11 테러를 MD 구축의 명분으로 삼으면서 재고 무기의 소비와 새로운 무기 개발 계약 등을 통해 막대한 이익을 보고 있기 때문이다.

부시 대통령은 테러와의 전쟁을 선언하면서 "21세기 첫 번째 전쟁에서 승리하기 위해 나는 어떤 대가와 비용이라도 치를 것"이라고 말한 바 있다. 부시의 공언을 뒷받침하기라도 하듯 미국의 군사비는 냉전 이후 최대 규모로 폭등하고 있고, 이에 따라 군산복합체의 '피묻은 이윤'도 일시적인 '대박'으로 끝나지 않고 있다. 군산복합체에 정통한 미국 세계정책연구소의 윌리엄 하퉁 연구원은 이를 두고 "9.11 테러의 최대 수혜자는 군산복합체"라고 단언한다. 미국이 9.11 테러에 대한 보복으로 전쟁을 일으킴에 따라 재고 무기 소비와 주가 폭등으로 재미를 본 군수산업체들은 부시 행정부가 지속적이고 광범위한 테러와의 전쟁을 선언하면서 '마르지 않는 샘'을 만나게 된 것이다.

이를 두고 부시 행정부의 예산 책임자인 미치 다니엘은 "(군수산업체 등) 특수 이익집단이 그들의 생산물을 늘리기 위해 국가안보와 본토방어라는 시류에 편승하고 있다"고 경고하기도 했다. 부시 행정부 내에서도 과도한 군비지출을 우려하는 목소리가 나오고 있는 것이다.

줄어드는 밥그릇 사업

이러한 대규모의 군사비 증액은 9.11 테러 전에 일었던 미국 군부 내의 논쟁을 잠재우기도 했다. 부시 행정부 초기 럼스펠드 국방장관과 그의 오른팔인 앤드류 마샬이 주도하는 군사혁신(RMA)파는 미국의 군구조를 재래식 무기와 병력을 줄이고 최첨단 무기체계를 강화하는 방향으로 혁신해야 한다는 주장을 폈다. 이 과정에서 유럽과 아시아에 10만 명의 미군을 주둔시켜 한반도와 중동에서 전쟁이 동시에 발발할 경우 승리한다는 이른바 윈윈전략의 폐기까지 거론되었다. 이에 대해 주요 사령관들을 비롯한 군수뇌부는 재래식 무기와 대규모 병력을 줄이는 것은 위험하다며 군사혁신파에 맞서기도 했다.

그러나 9.11 테러 이후 군사비가 대폭 증액되면서 이러한 논쟁은 사라졌다. 파이가 커지면서 군사혁신과 재래식 군사력 유지를 동시에 충족시킬 수 있는 길이 열렸기 때문이다. 물론 한때 논의되었던 윈윈전략의 폐기는 없던 얘기가 되었고, 윈윈전략의 대상이었던 이라크와 북한을 테러와의 전쟁의 다음 목표물로 삼는 지경까지 이르고 있다. 그리고 2003년 3월 19일, 부시 행정부는 전세계의 강력한 반전여론에도 불구하고 이라크 침공을 강행했다.

9.11 테러 이후 군사비의 절대치가 대폭 증가하면서 미 군부 내의 논란과 군수산업체 사이의 밥그릇 싸움이 줄어들고 있다는 것은, 폐기 혹은 축소될 위기에 몰렸던 전력증강사업이 되살아나고 있다는 것에서도 잘 드러난다. 최소한 30명의 미군 희생자를 낳은 충돌 사건과 관련돼 '취소 1순위' 사업으로 알려진 V-22 오스프레이 수송기 사업, 대당 약 2억 달러이자 전체 사업 규모 689억 달러의 록히드마틴사의 F-22 사업, 큰 덩치로 인해 미래에 예상되는 대부분의 전장으로 쉽게 이동시킬 수 없어 럼스펠드 국방장관이 주도하는 국방정책재검토 위원회에서조차도 사업을 포기하려고 했던 십자군포 시스템(Crusader artillery system) 사업, 대당 20억 달러가 넘는 전폭기로 코소보 및 아프가니스탄 폭격에 선봉을 섰던 B-2기 증강 사업 등이 그것이다. 이들 사업은 해당 무기를 생산하는 지역구 의원들이 9.11 테러를 계기로 조성된 미 의회 내의 친군사적 분위기를 이용해 로비를 강화함으로써 되살아나게 되었다. 특히 F-22와 십자군포 사업은 아버지 부시 행정부 때 계획된 것으로, 이들 무기체계는 소련을 겨냥한 것들이었다. 냉전의 해체와 함께 사라질 것이 확실했던 이들 사업은 아들 부시가 집권하고 군사비가 대폭적으로 늘어남으로써 되살아났다. 미국의 주요 무기 프로젝트가 외부의 위협보다는 내부의 정치적 역학관계에 좌

우되고 있다는 것을 상징적으로 보여주고 있는 것이다.

분쟁의 씨앗 심기

펜타곤의 무기 획득 이외에 주요 군수산업체의 배를 불릴 또 하나의 방안은 중동과 남아시아 등에 무기 판매를 촉진시키는 것이다. 이미 첨예한 분쟁을 겪고 있는 이 지역에 판매되고 있는 무기 목록에는 오만과 아랍에미리트에 F-16 전투기, 이집트에 다연장로켓 등이 있고, 미국의 테러와의 전쟁을 돕고 있는 파키스탄에는 경제제재 해제와 함께 F-16 전투기 부품, C-130 수송기, P-3 정찰기 등을 수출했다. 흥미롭게도 이들 무기는 모두 록히드마틴사 제품이다. 아버지 부시가 이란, 이라크 등의 국가에 군수지원을 함으로써 1991년 페르시아만 걸프전의 환경을 만들어 놓았듯이, 부시 대통령은 그가 주도하는 테러와의 전쟁에 대한 정치적, 군사적 지원을 확보하기 위해 첨예한 긴장이 고조되고 있는 중동 및 남아시아 국가들에게 무기를 넘겨주고 있는 것이다. '반테러연합'이라는 이름하에 진행되고 있는 미국의 무기 공급은 중동 및 남아시아 지역에 또 다른 분쟁의 씨앗을 심고 있다. 분쟁의 씨앗이 자라나면 또 다른 무기 수요가 창출된다는 미국 군산복합체의 마케팅 전략이 관철되고 있는 것이다.

이러한 미 군산복합체의 마케팅 전략 대상에는 한국도 물론 예외가 아니다. 연합방위체계와 상호운용성의 논리를 앞세워

한국의 무기 구매 시장의 80% 이상을 차지해온 미국의 지위는 시간이 갈수록 오히려 강화되고 있는 추세이다. 탈냉전 이후 '무기 시장의 다변화'를 추구하겠다던 한국 정권들의 공언은 이미 공염불로 끝났다. 2002년만 보더라도 미국은 보잉사의 F-15K, 록히드마틴사의 이지스 전투체계를 한국에 판매하기로 함으로써, 이 두 가지만으로도 70억 달러 이상을 벌어들일 수 있게 되었다. 흥미로운 점은 미국의 대표적인 군수산업체인 보잉사와 록히드마틴사 그리고 부시 행정부의 이해관계가 한국에서 그대로 관철되고 있다는 것이다.

F-22와 함께 미군의 주력기종이 될 F-35 합동공격전투기(JSF)는 총사업비가 2500억 달러에 달한다. 당연히 전투기 생산업체들이 군침을 흘릴 수밖에 없으며, 더구나 이 사업은 '승자독식'이다. 입찰에 떨어지면 국물도 없는 것이다. 이에 따라 미국의 양대 군수산업체인 보잉사와 록히드마틴사는 사활을 건 경쟁입찰에 뛰어들었고, 결과는 록히드마틴사의 승리로 끝났다. 이에 따라 보잉사는 전투기 생산라인을 폐쇄할 위기에 몰렸으나, 보잉사와 이 회사로부터 막대한 정치헌금을 받아온 부시 행정부는 위기의 돌파구로 한국의 F-X 사업을 겨냥했다. JSF 사업이 록히드마틴사로 낙찰될 조짐을 보이면서 부시 행정부는 파월 국무장관, 럼스펠드 국방장관, 주한미군 및 태평양 사령관, 보잉사가 있는 지역구 의원 등을 총동원해 한국 정부에게 구매 압력을 한층 노골적으로 행사했고, 이는 1단계 기종평가에서 프랑스 닷소사의 라팔 전투기가 높은 점수를 받

았음에도 불구하고 2단계 평가, 즉 정책적 고려에서 보잉사의 F-15K가 역전승을 거두는 데 중요한 요인이 되었다. 부시 행정부는 미국 내에서는 록히드마틴사의 손을 들어주었지만, 만만한 한국의 차기전투기 사업에 압력을 행사함으로써 보잉사를 달랜 것이다. 이와 동시에 보잉 747기를 개조한 공중급유기 100대를 200억 달러를 들여 '임대'하기로 함으로써 JSF에서 탈락한 보잉사의 손실을 보상해주기도 했다.

군산복합체의 힘은 어디에서 나오는가?

실질적인 지배자

아이젠하워의 경고가 상징적으로 보여주듯 많은 사람들은 미국의 군산복합체가 사실상 미국과 세계의 지배자라고 말한다. 특히 부시 행정부의 공격적인 대외정책의 배후에는 막강한 군산복합체가 도사리고 있는 것이 사실이다. 냉전시대 미국에 필적할 만한 힘을 가진 소련이라는 주적이 있을 때 군산복합체의 힘은 막강했고, 실제로 미국 경제에서 차지하는 비중이나 고용 규모 역시 적지 않았다. 그러나 냉전이 끝난 뒤군사비 삭감 분위기 속에서 미국의 군수산업체들도 위기의 시대를 맞이했다. 창고에는 재고 무기가 쌓여갔고, 유럽의 군수산업체가 성장하면서 해외 무기 판매도 부진을 면치 못했다. 이로 인해 많은 군수산업체가 문을 닫거나 대량 해고 및 인수 합병 등을 통해 구조조정에 나설 수밖에 없었다. 그런데 왜 21 세기에 들어서면서 군수산업체가 다시 미국의 실질적인 지배자로 재등장하고 있는 것일까?

군수산업체가 미국의 경제 규모에서 차지하는 비중이나 정치헌금의 액수를 볼 때도 이는 쉽게 이해하기 힘들다고 할 수 있다. 2002년을 기준으로 미국 군수산업체는 전체 노동력의 2% 수준인 220만 명을 고용하고 있고, 산업별 정치자금 기부 순위도 8-9위권에 있다. 실제 경제 규모나 정치헌금 수준이 예상 외로 높지 않은데, 미국의 정책결정 과정에서 막강한 힘을 발휘하는 이유는 무엇일까?

그 이유는 우선 '산업의 특수성'에서 찾을 수 있다. 다른 산업과 달리 군수산업의 주된 소비자는 일반 사람들이 아니라 미국과 해외의 '정부들'이다. 무기수출도 상당 부분 미국 정부의 승인과 보증이 필요한 해외군사판매(FMS) 방식을 통해 이뤄지고 있기 때문에, 군수산업체의 1차적인 로비 대상은 미국 정부와 의회일 수밖에 없다. 산업규모에 비해 로비스트가 압도적으로 많은 이유도 이 때문이다. 특히 무기 생산업체를 지역구에 둔 의원들은 군수산업체의 주된 로비 표적이 되어 왔고, 정치자금과 지역구 주민의 고용 가운데 상당 부분을 군수산업체에 의존하고 있는 의원들은 의회와 정부에 자신의 지역구에서 생산되는 무기체계를 구매할 것을 강력히 요구하는 메커니즘에 길들어져 온 것이다. 미국 정부와 군수산업의 끈끈한 관계는 군수산업이 농업 부분에 이어 두 번째로 많은 보조금을 정부로부터 받고 있다는 사실에서도 알 수 있다.

특혜와 능력

미국 군수산업체의 로비 대상 및 목적은 실로 다양하다. 미국 의회와 정부는 물론, 전체 수익에서 무기 수출이 차지하는 비중이 높아지면서 외국 정부 및 의회, 세계무역기구(WTO), 각국의 언론 및 안보정책에 영향을 미치는 싱크탱크 등도 무기 로비스트들의 표적이다. 주요 로비 활동으로는 친군사적인 정치인 당선 지원, 군사비 증액 압력, 새로운 무기획득 사업 요구, 군수산업에 대한 정부 보조금 확보, 정부의 국방 관련 연구개발비(R&D) 증액, 군수산업에 대한 공적 감시망을 약화시키기 위한 무기 관련 정보공개 제한 등이다. 이로 인해 연방정부 예산, 정부의 임시 지출, 연구개발비, 정부보조금의 영역에서 군수산업체는 엄청난 특혜를 받고 있다.

군수산업체들은 로비 덕분에 자유무역시장에서도 특혜를 받고 있다. 1999년 미국 시애틀에서 열린 WTO 회의에 대한 로비를 보면 이를 잘 알 수 있다. 당시 최대 군수산업체 가운데 하나인 보잉사는 또 다른 군수산업체인 '앨리드시그널/허니웰(Allied Signal/Honeywell)'과 함께 만찬 경비로 25만 달러를 기부한 것을 비롯해, WTO 회의에 무려 130만 달러를 기부했다.

당시 군수산업체들은 수익 악화의 돌파구로 대규모 무기 수출을 추진했기 때문에, WTO 회의에 큰 관심을 갖고 있었다. 이러한 로비 덕분으로 환경, 보건, 노동 등 다른 산업에 적용된 WTO 기준으로부터 군수산업은 예외를 인정받았다. 또한 '안보 예외(security exception)'를 관철시켜, 정부로부터 막대한 연구개발비와 보조금을 받는 특별상황이 수출에 제한받지 않도록 보호하는 규정을 포함시켰다. 당시 이러한 결과에 기고만장해진 보잉사의 무기 담당 회장인 마이크 시어스는 "고객을 확보하고자 하는 우리의 능력에 아무런 제한도 받지 않게 됐다"며 환호하기도 했다. 이로써 군수산업은 미국 국내뿐만 아니라 국제시장에서도 예외적인 지위를 획득하게 된 것이다.

군산복합체의 영향력에서 또 하나의 중요한 요인은 '안보의 특수성'에 있다. 미국이 권력 감시와 분산이 상대적으로 잘 이뤄진 것은 사실이지만, 외교안보 분야의 정책결정과정은 소수의 전문관료들의 손에서 크게 벗어나지 않는다. 즉, 외교안보 분야는 전문성과 비밀을 요한다는 이유로 민주주의 제도 내에서 상대적으로 자율적이다. 이는 미국뿐만이 아니라 대부분의 자유민주주의 국가에서도 나타나는 공통적인 현상이라고 할 수 있다. 냉전 해체 이후 소련을 비롯한 구 사회주의권 국가들의 군사비가 대폭 삭감된 반면에, 미국, 서유럽, 일본, 한국 등의 자본주의 국가에서는 현상유지 혹은 오히려 증가 추세에 있는 것은 군사비가 정치체제의 속성과 긴밀한 관계에 있다는 것을 알 수 있다. '유권자의 표'가 가장 강력한 힘을 발휘하는 자유민주주의 국가에서 집권당이든 야당이든 상대로부터 '안보 공세'에 시달리지 않기 위해, 그리고 군사비와 직접적인 이해관계를 갖고 있는 유권자로부터 지지를 확보하기 위해 군사비를 늘리려는 경향이 있는 것이다. 이는 특히 앞서 설명한 군수산업체의 산업적 특수성과도 긴밀히 연결되는 부분이다.

매체의 메커니즘 구축

미국 군산복합체의 힘은 '역사적인 맥락'에서도 이해할 필요가 있다. 제1, 2차 세계대전을 거치면서 급성장한 군수산업체는 1950년대 들어 공산주의가 다양한 전술을 통해 침투·확산될 수 있다는 위험성을 퍼뜨리면서, 중산층에게 튼튼한 안보의 필요성을 강조하는 전략을 구사했다. 물론 이 과정에서 매카시즘 광풍은 이러한 군수산업체의 전략에 일조를 했고, 또 군수산업체들은 매카시즘이 힘을 발휘하는 데 단단히 한몫을 했다. 이를 바탕으로 군수산업체와 친밀한 관계에 있는 정치인들은 의회에 엄청난 재정이 투입되는 '방위' 프로젝트를 제안하고, 이 제안을 받아들인 의원들은 그 대가로 군산복합체로부터 재선에 필요한 선거자금을 지원받는 방식으로 유착관계를 맺어왔다. 정부 예산에서 할당된 군사비의 상당 부분은 군비증강에 공헌한 의원의 지역구에 우선적으로 군수공장과 군사기지 그리고 군 관련 연구소를 짓는 데 사용됐다.

이러한 메커니즘이 구축되다 보니, 설사 해당 지역구의 의원이 군산복합체의 정치자금이나 군 관련 프로젝트의 유혹을 뿌리친다고 해도 이미 상당수의 중산층은 공산주의의 위협에 대처할 수 있는 군사력 건설 경제의 필요성에 포섭되어 있었기 때문에, 해당 의원은 큰 문제에 봉착할 수밖에 없었다. 어떤 의원이 군비증강을 거부할 경우, 그 의원에게는 '미국적 삶의 양식에 대한 배신자'나 '친공산주의자'라는 비난이 쏟아졌다. 물론 이러한 의원들은 다음 선거에서 낙선의 고배를 마시기 일쑤였다. 군산복합체와 의회의 관계가 이렇다 보니, 대부분의 군수 프로젝트는 미국의 안보보다는 그 프로젝트에 의해 누가 수익을 얻고, 누가 권력을 장악하는지에 더 깊은 관계가 있다는 비판이 제기되어 왔다. 거대 군수산업체의 주식보유자들은 수백만 달러, 가끔은 수억 달러의 이익금을 챙겼고, 이들과 밀접한 관계를 맺어온 상하원 의원들은 재선에 필요한 정치자금을 지원받고 권력을 유지할 수 있었다.

이러한 과정을 통해 뿌리내리기 시작한 군산복합체는 세계 일류의 국방체제와 기술 혁신 그리고 안정적인 경제 성장에 이바지했다고 선전되어 왔다. 이러한 선전은 1950년대에 미국이 다른 나라와 비교할 수 없는 번영을 이룩했다는 것으로 이어졌고, 이는 중산층을 포섭하는 강력한 이데올로기로 작용하기도 했다. 군산복합체는 '공산주의와의 전쟁'을 명분으로 중산층을 설득하여 적정 군사력을 훨씬 초과하는 군비증강 재원을 부담시켰고, 히스테리에 가까운 반공주의 분위기는 의회를 압도했으며, 때로는 의회를 통해 조장되기도 했다.

당시 의회에서 나온 보고서는 공산주의 운동을 "전세계에 걸쳐 공산주의 정부를 만들기 위해 배신, 기만, 조직 침투, 절취, 파업, 테러 등 온갖 수단을 사용하는 것"으로 정의했으며, 그 배후에는 항상 소련이 거론되었다. 이렇듯 미 의회는 국내의 정치적인 목적을 달성하기 위해 중산층의 공포심을 자극했다. 이를 참다못한 아이젠하워가 퇴임사에서 군산복합체를 미국 민주주의의 가장 큰 적으로 지목했던 것이다. 흥미로운 점은 반세기 전에 '공산주의와의 전쟁'이 군비증강을 합리화하는 데 활용되었던 것처럼, 21세기 들어서는 '테러와의 전쟁'이 그 자리를 대신하고 있다는 것이다.

네트워크 형성

반세기 전부터 이러한 과정을 통해 성장한 군산복합체의 막강한 힘은 치밀하고 정교한 네트워크를 통해서 재생산되어 왔다. 일반적으로 군산복합체는 군수산업체와 펜타곤 그리고 의회 사이의 관계를 일컫는 '철의 삼각(iron triangle)'을 중심으로 행정부 내의 친군사파, 군수산업체로부터 연구기금을 지원받는 보수적 싱크탱크, 보수적인 언론 등으로 짜여진다. 이들은 강력한 인적, 물적 네트워크를 형성하며, 미국의 외교안보전략 및 국방예산 수립에 막대한 영향력을 행사해온 것이다.

2000년 미국 대선에서 군수산업체가 정치자금을 몰아준 부

시 행정부의 인적 구성을 보면, 부시 행정부의 공격적인 대외
정책과 막대한 군사비 증액의 배경을 이해할 수 있는 실마리를
찾게 된다. 우선 미국 역사상 가장 강력한 부통령이라고 불리
는 딕 체니는 군수산업체의 싱크탱크라고 할 수 있는 안보정책
센터(CSP)의 이사를 지냈고, 그의 부인 린 체니는 록히드마틴사
의 이사 출신이다. 실세 장관으로 테러와의 전쟁 및 군사 분야
의 혁신을 이끌었던 도널드 럼스펠드 국방장관은 군수산업체
로부터 기금을 받는 '미국에게 힘을(Empower America)'이라는 단
체의 이사와 안보정책센터의 핵심 간부로 활동했다. 이 두 단
체는 MD와 우주의 군사화를 부르짖어온 대표적인 싱크탱크이
다. 럼스펠드는 이를 주도해온 인물로서, 그 공로로 1998년에
안보정책센터로부터 '불꽃의 유지자(Keeper of the Flame)'라는 상
을 받기도 했다.

이 밖에도 1기 부시 행정부의 폴 월포위츠 국방부 부장관은
노스롭그루만사의 자문위원을 지냈고, 스테판 해들리 안보 부
보좌관(2기 부시 행정부에서는 안보보좌관으로 승진)은 록히드마틴사
의 법률자문관 출신이다. 미 국방부의 획득·기술·병참 차관인
피테 알드릿지는 에어로우스페이스사, 맥도넬더글러스사, 유
나이티드인더스트리사 등 군수산업체와 우주재단 등을 거쳤
다. 또한 더글러스 페이스 국방부 차관은 안보정책센터 이사
회 의장 출신이고, 제이스 로체 공군부 장관은 이 단체의 이사
출신이다.

이처럼 1기 부시 행정부의 외교안보팀 임명자의 약 3분의

2가 주요 군수산업체 및 이와 연결된 싱크탱크의 간부, 대주주, 컨설턴트 출신이다.[8] 특히 MD 로비의 중심에 서 있던 안보정책센터에서는 무려 22명의 부시 행정부 관료를 배출하기도 했다. 이에 고무된 럼스펠드는 2001년 11월 이 단체의 행사에 참석해 "프랭크 카프니(안보정책센터 소장), 당신의 파워에 의구심을 갖고 있는 사람이 있다면, 부시 행정부에 얼마나 많은 센터 사람들이 포진하고 있는지 봐야 할 것"이라고 말했다. 이렇게 짜여진 네트워크가 미국의 외교안보정책 결정 과정에 어떤 결과를 낳고 있는지는, 부시 행정부가 그동안 최대 국가 목표로 내세워온 MD구축 과정을 통해 잘 드러난다.

군산복합체와 부시 행정부의 유착 관계

로비망

군산복합체의 사활이 걸린 사업이라고 일컬어지는 MD를 둘러싼 로비의 흑막을 살펴보면, 이들이 얼마나 치밀하고 강력한 네트워크를 결성해 정책결정 과정에 영향을 미치는지 알 수 있다. MD는 단기적인 수입보다는 중장기적 수입 면에서 록히드마틴, 보잉, 레이디온 등 군수 메이저들에게 향후 20~30년에 걸쳐 안정적인 돈벌이를 보장해 주는 확실한 프로젝트로 평가된다. 실제로 1990년대 초중반에 걸쳐 클린턴 행정부의 요구에 따라 시행된 군수산업체들의 인수 합병 붐으로도, 군수산업체들은 재정문제를 해결하지 못했기 때문에

MD의 필요성은 더욱 커지게 됐다. MD에 뛰어들고 있는 미국의 주요 군수산업체들은 이른바 '빅4'라고 불리는 보잉사, 록히드마틴사, 레이디온사와 TRW를 합병한 노스롭그루만 등이다. 보잉사는 MD의 구성 요소의 개발과 통합을 담당하고 있고, 록히드마틴사는 탄두 추진체를 수주했으며, 레이디온사는 요격미사일 개발을, 그리고 노스롭그루만은 지휘통제전투관리통신(C2BMC) 시스템 개발을 맡고 있다. 이들 네 개 군수산업체들은 1998~1999년 2년간 MD계약에서 60%를 독점하면서 국방부로부터 연구개발비로만 22억 달러를 지원받기도 했다. 또한 부시 행정부 1기 임기인 2001~2004년 동안 MD 사업만으로도 보잉은 84억 달러, 록히드마틴은 36억 달러, 레이시온은 20억 달러, 노스롭그루만은 10억 달러를 벌어들였다.[9]

이들 군수산업체들이 MD를 통해 막대한 수익을 올릴 수 있는 힘은 치밀하고 막강하게 짜여진 '로비망'에서 나온다. 이들은 클린턴 행정부 재임 기간 동안 MD 지지파를 유지·확산시키기 위해 1997~1998년 2년간 3500만 달러를 로비자금으로 사용했다. 특히 군수산업체와 정치권 간의 관계를 읽을 수 있는 정치헌금은 약 600만 달러로 이 중 66%를 공화당 의원들에게 집중적으로 제공했다. 1995~1999년 사이에 정치활동위원회(PAC)를 통한 군수산업체의 정치헌금 수혜자 상위 15위 중에 상원은 12명, 하원은 10명이 공화당 의원들이었다. 이중에는 2001년 초 한국을 방문해 무기구매 로비로 무리를 빚은 크리스토퍼 본드 상원의원, 하원 내 대표적인 MD 주창자

중 한 사람인 커트 웰던 의원 등이 포함돼 있었다.

황금 시장 잉태

MD가 미국 군산복합체의 중장기적 이익을 보장하는 '꿈의 사업'이라고 불리는 이유는 그 사업 규모를 통해서도 알 수 있다. 추정기관마다 편차가 크게 나타나고 실제로 어느 정도의 돈이 들어갈지 아무도 모르지만, 미 의회예산국의 추정치는 이 기관이 중립적인 기관이라는 점에서 가장 신뢰할 만하다고 할 수 있다. 미 의회예산국은 MD예산으로 2001년부터 향후 20년간 약 2400억 달러가 필요할 것이라고 추정했다. 그러나 이 예산 추정치에는 THAAD, PAC-3 등 일부 MD 무기체계가 제외돼 있어 실제 예산은 3천억 달러가 넘어설 것으로 예상되고 있다. 심지어 노벨 경제학상을 받은 경제학자들을 비롯한 과학자들이 참여하고 있는 'Economists Allied for Arms Reduction'에서는 MD예산으로 8000억 달러에서 1조2000억 달러까지 소요될 것으로 추정하고 있다. 이들에 의하면 의회예산국의 추정치에는 운영유지비가 제외되어 있으므로, 이를 포함하면 1조 달러에 달한다는 것이다.[10]

이처럼 아무도 정확히 추정할 수 없는 천문학적인 돈이 보잉사, 록히드마틴사, 레이디온사 등 MD개발 생산업체의 주머니로 고스란히 들어갈 것이라는 점을 어렵지 않게 예상할 수 있다. 또한 이를 바탕으로 왜 미국의 군산복합체들이 MD에 사활을 걸고 뛰어드는지 짐작할 수 있다. MD를 통해 군산복합체의 이익이 여기서 끝나는 것은 물론 아니다. 한국, 일본, 대만, 이스라엘, 일부 유럽과 중동 국가 등 미국의 동맹국 및 우방국에 MD 무기체계를 수출함으로써 얻을 이익도 만만치 않을 것이다. 또한 MD산업을 통해 인류의 마지막 전쟁터라고 일컬어지는 우주 군사 산업 진출의 발판도 마련할 수 있다는 점에서, MD사업은 또 다른 황금 시장을 잉태하고 있기도 하다.

이에 따라 MD 관련 업체들은 2000년 미 대선과정에서 MD를 공약으로 내세운 부시 후보를 노골적으로 지지했다. 또한 클린턴 행정부 때 보여 준 군수산업체들의 공화당 편애는 2000년 대선과 상하원 선거를 앞두고 더욱 두드러지게 나타난 바 있다. 군수산업체들은 이미 대선과정에서 민주당의 고어 진영에는 4만 달러를 기부한 반면, 공화당의 부시 진영에는 4배가 넘는 16만3000달러를 기부한 바 있다. 상하원 선거자금으로도 공화당에는 300만 달러를, 민주당에는 200만 달러를 지원했고, 부시 행정부 출범 이후에 그 격차는 더욱 벌어지고 있다. 미국의 군수산업체들이 2002년 중간선거자금으로 2001년 1월부터 6월까지 기부한 정치자금 가운데 민주당에는 88만 달러를 기부한 반면, 공화당에는 2배에 달하는 177만 달러를 기부한 것에서 이를 잘 알 수 있다.

미국의 군수산업체들은 아프가니스탄 및 이라크 전쟁으로 인해 폭등하는 군사비, 수천억 달러 규모의 MD 및 우주의 군사화 계획, 9.11 테러 이후 미국 내의 친군사적 분위기로 인한 주가 폭등, 무기 판매고 급증, 무기 수출 확대, 퇴출 위기 사업의 부활 등으로 냉전시대에 이은 제2의 전성기를 맞고 있다. 또한 군수산업체들은 펜타곤을 비롯한 군부뿐만 아니라 해당 지역구 의원, 상하원의 군사위원회 의원 등에 정치자금을 제공하고, 헤리티지재단, 안보정책센터, 미국기업연구소 등 전쟁과 군비증강을 정당화해온 '두뇌 집단'에는 후원금을 기부함으로써 행정부-군부-의회-싱크탱크 등에 막강한 '군비증강 네트워크'를 구축해 미국의 국방정책 및 대외정책에 깊숙이 관여해오고 있다.

예견된 시나리오

올리버 스톤 감독이 만든 「J.F.K.」는 죽음의 상인, 군산복합체에 대한 대중적인 인식을 높인 작품으로 평가받아 왔다. 미국 역사상 가장 인기 있는 대통령 가운데 한 사람인 존 F. 케네디의 암살 배후에 군산복합체가 있다는 점을 실감 있게 그려냈기 때문이다. 이와 관련해 미국의 안보정책에 대해 정통한 제임스 팰로우즈는 케네디는 죽을 수밖에 없었던 운명이었다고 주장한다. "그가 살아있으면 미국은 베트남에서 철수했을 것이고, 그렇게 되면 거대 군수산업체들은 큰돈을 날릴 것"이었기 때문이다.11) 영화 「J.F.K.」에서 보여지듯, 군산복합체는 대통령의 암살까지 불사하면서 자신에게 유리한 방향으로 외교안보정책을 이끌려고 하고, 때에 따라서는 엄청난 피를 요구하는 '전쟁 로비'를 하고 있다.

　군산복합체의 전쟁 로비가 얼마나 치밀한지, 그리고 전쟁을 통해 미국 군수산업체들이 얼마나 막대한 이익을 얻고 있는지는 2003년 3월 19일 국제사회의 강력한 반전 여론에도 불구하고 단행된 미국의 이라크 침공에서도 여실히 드러난다. 일반적으로 미국의 이라크 침공 배경으로 '9.11 테러'를 언급하고 있지만, 이는 사실과 다르다. 1990년대부터 군수산업체와 보수적 싱크탱크를 중심으로 한 신보수주의자(네오콘)들은 이라크 전쟁 로비를 벌여왔기 때문이다. 군수산업체와 석유재벌로부터 후원을 받아온 미국 내 대표적인 보수적 싱크탱크인 안보정책센터(CSP), 공공정책국가연구소(NIPP), 새로운 미국의 세기를 위한 프로젝트(PNAC) 등은 클린턴 행정부 때부터 이라크 침공을 비롯한 공격적인 대외정책의 이론을 양산해 왔다.

　특히 PNAC에는 부통령 딕 체니, 국방장관 도널드 럼스펠드, 국방부 부장관 폴 월포위츠, 부시 대통령의 동생인 플로리다 주의 주지사 젭 부시, 딕 체니의 핵심 참모 루이스 리비 등이 대거 포함돼 있었다. 1997년에 결성된 이 단체는 결성 직후 딕 체니와 럼스펠드가 중심이 돼 클린턴 행정부에 이라크 침공을 권유해 물의를 빚기도 했다. 이에 따라 PNAC는 대선 직전인 2000년 9월 '미 국방력의 재건(Rebuilding America's Defense)'이란 제목의 보고서를 작성해 부시 행정부의 외교안보정책의 지침을 제시했다. 이 보고서에서는 "미해결 상태인 이라크와의 갈등이 미군의 걸프지역 주둔에 대해 잠정적인 정당성을 제공하겠지만, 미군은 후세인 정권교체 여부와 관계없이 이 지역에 상당 기간 주둔해야 할 필요가 있다"고 기술하고 있다. 이미 부시 행정부의 핵심 실세들이 집권 후 이라크 침공을 계획하고 있었던 것이다. 그리고 그 배후에는 이라크 전쟁을 통해 막대한 수익을 올리게 되는 군수산업체와 석유재벌이 있었던 것이다.

실제로 미국의 주요 군수산업체들은 이라크 전쟁을 통해 돈방석에 앉게 되었다. 세계 최대의 방위산업체인 록히드마틴사는 부시 행정부가 이라크 침공을 준비하기 위해 2002년 무기조달 예산을 전년도보다 76억 달러 늘린 것에 힘입어, 2001년 11억 달러 적자에서 2002년에는 5억 달러 흑자로 돌아섰다. 이 회사와 함께 대표적인 군수산업체인 보잉사는 2002년 4/4분기 순이익이 무려 6배나 늘어났고, 토마호크 미사일 및 패트리어트 제조 회사로 잘 알려진 레이디온사는 순이익이 2배로 늘어났다. "2002년 4/4분기 미국 경제는 군수산업 홀로 이끌었다"는 말이 나올 만하다.

군수산업체의 '대박'은 여기서 끝나지 않았다. 부시 행정부가 이라크에 대해 사실상의 선전포고를 한 2003년 3월 16일부터 군수산업체의 주가도 폭등하고, 재고 무기 처분을 통해 매출액이 크게 신장되었기 때문이다. 록히드마틴사는 3월 초순 40달러 선이었던 주가가 3월 20일에는 48달러로, 같은 기간 유나이티드테크놀로지스사(United Technologies)는 54달러에서

64달러로, 레이디온사는 24달러에서 29달러로 폭등해 주가 차익만으로도 천문학적인 돈을 벌어들였다.[12]

미·영의 대 이라크 전쟁으로 가장 큰 재미를 본 회사는 레이디온이다. 미 해군은 이라크 침공 이전에 약 2000발의 토마호크 미사일을 보유했으나, 이번 전쟁에서 절반가량이 소진되자 레이디온사에 신형 토마호크 미사일의 증산을 요청했다. 미 해군은 당초 매달 38발씩 신형 토마호크 미사일을 구매할 계획이었으나, 이라크 전쟁으로 재고량이 크게 줄어들자 50발로 늘리기로 했다. 신형 토마호크 미사일은 1기당 140만 달러에 달해, 레이디온사는 이 미사일 판매만으로도 매달 7000만 달러를 벌어들이게 된 것이다.[13] 부시 행정부 출범 이전만 하더라도 레이디온은 미사일 수요 감소로 생산라인을 줄이고 감원을 했었지만, 부시 행정부가 아프가니스탄과 이라크 침공의 선봉으로 토마호크 미사일을 대량 사용하고, MD구축에 박차를 가하면서 기사회생을 하고 있는 것이다.

무기 판촉 효과

전쟁을 통해 군수산업체가 큰돈을 벌어들이는 것은 주가 폭등, 무기 재고량 처분, 새로운 무기 획득 소요 제기 등을 통해서만 이뤄지는 것이 아니다. 전쟁은 군수산업체에게 돈 들이지 않고 자신의 무기를 선전할 수 있는 가장 효과적인 광고이고, 이를 통해 전후 무기 수출을 크게 늘릴 수 있기 때문이다. 더구나 CNN과 같은 미국 주요 언론들이 미국제 무기의 성능을 대대적으로 선전하면서 전쟁을 마치 전자오락처럼 중계하고 있기 때문에, 무기 판촉 효과는 상상을 초월하게 된다. 이와 관련해 「워싱턴포스트」는 미국의 이라크 폭격이 한참이었던 4월 1일, 미국 군수산업체들의 '전후 특수' 가능성을 상세히 보도해 눈길을 끌었다.14)

이 신문에 따르면, 군수산업체들은 이라크 전쟁 이후 국제 무기 시장의 호황 및 이라크군 재무장으로 큰 기대를 걸고 대대적인 첨단무기 판촉행사를 준비했다. 미국이 아프가니스탄에 이어 이라크에서도 다양한 첨단무기들을 선보임으로써 세계 각국의 무기구입 욕구를 자극하고 있기 때문이다. 특히 1991년 1차 걸프전 때도 전쟁을 생중계해 첨단무기 광고 역할을 톡톡히 했던 CNN은 이번에도 군수산업체의 기대를 저버리지 않고 있다. 이를 두고 무기 거래 실태를 감시하는 미국 과학자협회(FAS)의 타마 게벨닉 무기판매 감시국장은 "CNN이야말로 가장 훌륭한 첨단무기의 마케팅 수단"이라고 말하기도 했다. 이렇게 실전 검증을 거친 제품이라면 그 판매량이 적어도 3배가량 늘어날 것으로 군수산업체들은 분석하고 있다.

실제로 미국은 걸프전 이후에도 전장에서 각광받은 첨단무기를 국제시장에 내놓아 막대한 이득을 챙겼다. 미 의회조사국(CRS)에 따르면 1991, 1992년에 연간 100-110억 달러였던 미국제 무기 수출액은 1993년 200억 달러로 치솟았다. 당시 사우디아라비아와 이스라엘은 값비싼 F-15 전투기를 사들여 재정난에 허덕이던 보잉사를 되살렸고, 바레인, 요르단 등은 F-16, 쿠웨이트, 이집트 등은 M1-A1 탱크를 각각 사들였다. 1차 걸프전 직후에는 전투기와 탱크 등이 많이 팔렸다면, 이번에는 JDAM 등의 정밀유도무기가 대량 판매되었다. 또한 미 군수산업체들은 천문학적 규모가 될 전후 이라크군의 재무장 사업에서도 막대한 수익을 올리고 있다. 군수산업 전문 연구기관인 DFI인터내셔널의 브렛 램버트 연구원은 「워싱턴포스트」와의 인터뷰에서 "전후 연합군이 물러가면 이라크는 엄청난 규모로 재무장을 하게 될 것이며 미국제 무기가 대부분일 것"이라고 예측했다. 미군에 의해 괴멸된 이라크군이 전쟁 이후에는 또다시 미국제 무기로 무장하게 될 것이라는 전망이다.

역설의 메커니즘

이라크 전쟁을 기회로 늘어날 것으로 보이는 미국의 무기수출은 여러 가지 문제점을 안고 있다. 2003년 현재 전 세계 군사지출의 약 45%를 차지하고 있는 미국은 세계 무기수출 시장에서도 탈냉전 이후 줄곧 40-50%를 차지할 정도로 단연 독보적인 위치를 점해왔다. 그리고 이는 미국의 대외정책과도 밀접한 연관을 갖고 있기도 하다.

미국의 한 군수산업체의 사장은 "우리가 한 나라(미국)에만 전념할 필요가 없는 날이 올 것이다. 우리는 모든 전투원들에게 중립적인 무기공급자로 인식될 것이다"라고 말한 바 있다.15) 그리고 그의 말처럼 미국의 군수산업체들은 정부의 비호 아래 수단과 방법을 가리지 않고, 또한 수출한 무기들이 어떤 용도로 사용되든지 관계하지 않고 세계 곳곳에 무기를 수출해오고 있다. 이와 관련해 미국의 과학자연합(FAS)은 "1999년 미국은 전 세계 42개 분쟁 지역 가운데 39개 지역에 무기를 판매했다"고 폭로하기도 했다. 또한 1999년 한 해만도 인권 기준을 위반한 국가들의 무장 '강화'를 위해 68억 달러치의 무기를 수출하기도 했다. 이러한 미국 주도의 무기 수출에 힘입어 빈곤과 질병 그리고 인권 탄압 등의 문제를 안고 있는 개발도상국들에게 전 세계 무기 수출의 68%가 집중되기도 했다.16)

역설적인 것은 미국의 군수산업체들이 무기를 수출한 나라들 가운데에는 파나마, 이라크, 소말리아, 아이티, 아프가니스탄 등 미국의 적대국들도 상당수 포함되어 있어, 미군은 미국의 무기로 무장한 적군들과 전투를 벌이고 있다는 점이다. 실제로 2002년 10월 요르단에서 미국 군수산업체들의 주최로 열린 한 무기 박람회에는 부시 행정부가 '악의 축'이라고 규정한 이라크, 이란을 비롯해 리비아, 시리아 등 중동 국가들의 상당수가 참석하기도 했다. 분쟁을 부추기면서 분쟁에 개입하는, 그리고 이 과정에서 군수산업체의 막대한 이윤을 보장하는 미국 대외정책의 메커니즘을 읽을 수 있는 대목이다. 이 과정에서 분쟁 국가들에 수출되는 무기로 어린이들이 무장하고 있다는 점도 미국 정부는 개의치 않고 있다. 미국의 방위정보센터(CDI) 등 미국 안팎의 NGO들은 "미국은 어린이를 군인으로 삼고 있는 일부 국가들에게 무기를 수출하고 군사 원조를 하고 있다"고 강력한 우려를 표명하고 있지만, 어린이들의 인권조차도 군수산업체의 이윤 앞에서는 설 자리가 없는 것이다.

북대서양조약기구(NATO)의 확대 역시 미국의 무기 수출과 떼어서 생각할 수 없다. 1990년대 미국 군수산업체의 주요 고객이 중동 국가들과 한국, 대만, 싱가포르 등 아시아의 신흥공업국들이었다면, 21세기 들어 새롭게 각광받고 있는 고객들은 동유럽 국가들이다. 이는 북대서양조약기구(NATO)의 동진東進과도 밀접한 관계를 갖고 있다. 향후 10년간 동유럽의 무기 시장은 약 350억 달러 규모가 될 것으로 전망되고 있어, 군수산업체들에게는 또 하나의 신흥 무기시장을 확보할 수 있는 기회로 작용하고 있는 것이다. 이를 포착한 군수산업체들은 미국 정부와 의회에 압력을 행사해 적극적으로 NATO를 확장시켜 나가되, 동유럽 국가들의 군사력을 강화시킨다는 차원에서 미국 정부가 이들 국가들에게 무기 구매 융자를 해줄 것을 요구해 톡톡한 재미를 보고 있다.[17] 비근한 예를 보더라도 부시 행정부는 2008년 3월 독립을 선언한 코소보에 무기 공급을 승인했다. 이에 대해 국제사회에서는 유럽의 화약고라고 불리는 발칸반도의 위기를 한층 고조시키는 행위라는 비난이 쏟아지고 있다.

이렇듯 21세기 들어 한층 강화되고 있는 군수산업체들의 영향력은 40여 년 전 아이젠하워의 퇴임사를 새삼스럽게 다시 떠올리게 한다. 결국 미국은 냉전이 해체된 지 20년 가까이 지나고 있으나, 오히려 군수산업체들의 영향력과 부당한 간섭이 증대하고 있는 현실에 직면하고 있다. 그리고 40년 전 아이젠하워의 경고에 귀 기울이지 못한 미국이 여전히 세계 유일 초강대국의 지위를 유지하고 있는 오늘날, 지구촌 곳곳에서도 미국 군산복합체의 어두운 그림자는 점차 커지고 있다.

주

1) Bates Gill, "Can China's Tolerance Last?", *Arms Control Today*, January/February 2002.

2) Joanne Tompkins, "How U.S. Strategic Policy Is Changing China's Nuclear Plans", *Arms Control Today*, January/February 2003.

3) 참고로 광주에 배치되었던 패트리어트 부대는 2006년 10월 경 북 왜관으로 옮겨졌다.

4) Leon J. Laporte, "Commander of U.S. Forces Korea", *Testimony on the Fiscal Year 2006 National Defense Authorization Budget Request from the Department of Defense*, March 8, 2005.

5) B. B. Bell, "Commander of U.S. Forces Korea", *Testimony before the Senate Armed Services Committee*, March 11, 2008.

6) Jumg Sung-ki, "South Korea to Launch Theater Command by '09", *Defense News*, March 17, 2008.

7) 황일도, "이명박 정부 MD(미사일방어체제) 참여 구상 정밀분석", 『신동아』, 2008년 3월호.

8) William D. Hartung and Jonathan Reingold, "About Face : The Role of the Arms Lobby in the Bush Administration's Radical Reversal of Two Decades of U.S. Nuclear Policy", May 2002, http://www.worldpolicy.org/projects/arms/reports.html.

9) William D. Hartung, "Tangled Web Ⅱ : The Missile Defense and Space Weapons Lobbies 2005", http://worldpolicy.org/projects/arms/reports/tangledweb.html.

10) 이 보고서는 http://www.armscontrolcenter.org/nmd/fullcost.html 에서 볼 수 있다.

11) James Fallows, "The Military-Industrial Complex", *Foreign Policy*, Nov./Dec. 2002.

12) 「세계일보」 2003.4.7., 「중앙일보」 2003.3.26. 참조.

13) Peter Pae, "Raytheon's Task: More Missiles, on the Double", *L.A. Times*, April 3, 2003.

14) Renae Merle, "Battlefield is a Showcase for Defense Firms: Arms Exporters could Thrive on Televised Success in Iraq", *Washington Post*, April 1, 2003.

15) John Stanton, "Arming for Armageddon: US Military-Industrial Complex Reigns Supreme", *Online Journal*, January 9, 2003.

16) 이와 관련해 상세한 자료는 미국과학자협회(FAS) 홈페이지 http://www.fas.org 참조.

17) William D. Hartung, "Pentagon Welfare: The Corporate Campaign for NATO Expansion", *Multinational Monitor*, March 1998.

큰글자 살림지식총서 111

MD 미사일방어체제

펴낸날	**초판 1쇄 2015년 5월 28일**	

지은이	**정욱식**	
펴낸이	**심만수**	
펴낸곳	**(주)살림출판사**	
출판등록	**1989년 11월 1일 제9-210호**	

주소	**경기도 파주시 광인사길 30**	
전화	**031-955-1350**	팩스 **031-624-1356**
기획·편집	031-955-4671	
홈페이지	http://www.sallimbooks.com	
이메일	book@sallimbooks.com	

ISBN	978-89-522-3126-0 04080

※ 이 책은 큰 글자가 읽기 편한 독자들을 위해
　글자 크기 15포인트, 4×6배판으로 제작되었습니다.